「反日」で生きのびる中国

江沢民の戦争

Torii Tami
鳥居民

草思社

「反日」で生きのびる中国◎目次◎

1　ニコラス・クリストフと伊藤光彦が語ったこと

「中国人の大多数が抱く日本に対する敵意に、大部分の日本人がほとんど気付いていないことに、私は衝撃を受けている」………一九九六年六月三日　ニコラス・クリストフ

「万一これが真実だとしたら、日中友好を願うことは不可能ではないか」………一九九六年七月八日　伊藤光彦

私は書棚から本を四冊とりだした。いずれも以前に北京に駐在したことのある新聞記者が執筆した中国の現在を記した本である。

『21世紀中国の読み方』、『読売新聞』の論説委員、高井潔司の著書だ。一九九八年に蒼蒼社から刊行された。

『北京特派員』は時事通信社の解説委員、信太《しだ》謙三が書いた。一九九九年、平凡社の出版だ。

つぎは『中国権力核心』、『毎日新聞』記者の上村幸治が執筆した。二〇〇〇年、文藝春秋社から

の発刊である。

四冊目は『世界を読み解く事典』、『朝日新聞』の編集委員、船橋洋一の本だ。もっとも題名のとおり、この本は中国を主題にはしていない。岩波書店、これも二〇〇〇年の刊行である。

私がこれらの本から探そうとしたのは、一九九四年に中国共産党が公布した「愛国主義教育実施綱要」についてどのような解説をしているかということ、翌一九九五年六月、七月、八月、そして九月まで中国全土を覆った反日キャンペーンをどのように記しているかということだった。

船橋洋一は、一九九五年の中国については、その年九月二十二日号の週刊誌に掲載した「北京国連女性会議」を再録してあるだけだった。

上村幸治の著書には、私が探す問題はつぎの一節があるだけだった。「一九九六年十月の十四期六中全会……の決議は、愛国主義、集団主義、社会主義、民主・法秩序の教育を進めるよう訴えた」

信太謙三はその終章で、「中国共産党はいま、党の威信低下に対し、愛国主義を高揚し、人々の信頼をつなぎとめようと必死になっている」と綴っていた。

高井潔司の著書には、「友好のオブラートで包まずホンネで交流を」という一節があるのだが、私が探し求める問題には触れていなかった。

さて、高井、信太、上村、船橋の諸氏は「愛国主義教育実施綱要」は論及する必要などまったくない、それは中共党内のごくごく小さな教育指導指針と思って、そしてその翌年に中国全土でおこなわれた反日キャンペーンはたかだか一過性のものにすぎず、日本と中国の関係になんの影響も与えなかったと考えて、無視したのであろうか。

一九九〇年代の日中関係を研究しようとする人、いや、この言い方は間違っていよう、一九九〇年代を通じて、そして二十一世紀に入ってから現在まで、このあいだの日中関係を考究しようとする人、さらにこれからさき二十年、三十年のあいだの日中関係を考えようとする人までと言わねばならないのだろう。この人たちがまず最初に目を通さなければならない文章が二つある。ニコラス・クリストフの文章と伊藤光彦の文章である。

一九九二年十月の天皇、皇后の訪中を調べるのはあとに回し、あるいは一九九八年十一月の江沢《こうたく》民《みん》国家主席の訪日記録に手を伸ばすのもあとにして、まず読まねばならないのは、この二つの文章である。

ニコラス・クリストフは『ニューヨーク・タイムズ』の記者である。かれの名を記憶している日本人は少なからずいるだろう。特派員として日本にいたことがある。有能な記者であったが、多くの日本人はかれに好意を抱かなかった。ニューヨークに住む日本人のグループが、日本人を揶揄《やゆ》するクリストフの文章を不快に思い、「笑われる日本人＝『ニューヨーク・タイムズ』が描く不可思議な日本人」といった題の本をだしたこともある。「ユーモアを交えて書いているのだ」と語ったかれの弁解にうなずいた人は少なかったにちがいない。

首相になったばかりの小渕恵三を「冷めたピザ」と紹介したのがクリストフだった。もっとも、これはほかのアメリカ人が命名したのをかれが利用したのだった。もうひとつだけ挙げよう。『毎日新聞』に「そこまでいわれりゃムッとくる」と穏当ではない見出しがでたことがある。なにごとかとコラムの中身を見たら、経済部長の菊地哲郎がクリストフの「アメリカンスタイルの資本主義」の押しつけに腹を立て、「何主義でやろうが、こっちの勝手だ。日々幸せならそれでいいではないか」と言ったのだった。

新聞記者を含めて、多くの日本人に嫌われたクリストフだが、かれは現在も『ニューヨーク・タイムズ』の記者をつづけ、相変わらず有能ぶりを発揮している。

ところで、クリストフは一九九五年一月に東京支局長になる以前、中国に派遣されていた。一九八六年から八七年まで香港支局長、一九八八年から九三年まで北京支局長だった。そして翌一九九四年にかれは『中国は目覚める』という著書を刊行した。『新中国人』という題で、新潮社から翻訳出版されたのが一九九六年五月末のことだった。かれは三十七歳だった。

この日本語版には、「日本の読者へ」という文章が最初に載っている。そのなかに尋常ではないくだりがあったのだが、この本の書評でこれを取り上げた人はいなかった。

その尋常ではないくだりをつぎに掲げる。

「私たちは中国の将来について楽観的である。なぜなら中国はその経済ブームを維持する可能性が高いと思うからだ。しかし、そのことが中国の近隣諸国にとってどんな意味を持つかと考えると、少し悲観的になる。まさにアジアのもう一つの大国が一九三〇年代にやったのと同じく、中国はナショナリズムをかき立て、資金を軍備増強に投じつつある。一九三〇年代の結末は、アジアにとって悲惨なものになったが、日本人は今、それと同様の悲劇的結果がもたらされる危険性をはっきり認識していないように思われる。日本の多くの人に、中国についてもっと知ってほしいと思う[1]」

クリストフが「私たち」と言ったのは、かれと夫人の共著だからだ。

ところで、クリストフのこの一節の論旨はわかりにくい。だれもが首をかしげたのではなかったか。紙面が足りなくて、クリストフは思いのたけを言いつくせなかったのであろう。

そのことが気がかりだったのはクリストフ自身だったのかもしれない。『新中国人』が本屋の店頭に並んでから数日あとのこと、六月三日の『朝日新聞』にかれの文章が載った。

この文章は「日本の読者へ」よりわかりやすい。だれにも理解できる内容である。だが、理解できればできたで、読んでいるあいだ、そして読みおえてからも、人びとはぞっとする思いに悩まされたはずであったし、同時に大きな疑問が胸のなかに重しとなって沈んだにちがいなかった。

そこで『朝日新聞』の編集部がしなければならなかったことは、現代中国を研究している大学教授、以前に北京特派員だった記者に依頼し、クリストフのこの文章を取り上げて、自分の観方、自分の考えを記してほしいと言い、途方に暮れている読者の疑問に答えるようにすることだったはずである。

じつはクリストフの文章は『朝日新聞』の「中国・台湾とどう付き合うか」という題の不定期の

連載のひとつだった。クリストフのあとには、丸紅不動産社長の中藤隆之が六月九日の紙面に、作家の中薗英助が六月十六日に、前に法務大臣をやったことがあり、すでにそのとき政界から身をひいていた後藤田正晴が六月二十四日に、伊藤忠商事常務の藤野文雄が七月一日にそれぞれの中国論を載せていた。

不思議なことだった。だれひとり、クリストフの論文を取り上げることなく、触れようとしなかったのだ。後藤田正晴がおよそいい加減なことを喋れば、これまた当たり障りのないことを藤野文雄が綴った。

繰り返していうが、まことに不思議なことだった。

クリストフがこのとき、どんなことを述べたのかを説明しなければならない。

クリストフは最初に天安門事件のあとのひとつの挿話を述べることからはじめた。

一九八九年六月の天安門事件のときにクリストフは夫人とともに北京にいて、『ニューヨーク・タイムズ』紙に載せた二人の報道はピュリツァー賞を受けることになった。夫婦二人での受賞だった。

その天安門事件から一カ月か、二カ月あとのことだったのであろう。クリストフは民主化運動の活動家だった人物にそっと会い、このあとどのような活動をするつもりかと尋ねたという。もちろん、デモもできなければ、宣伝活動もできず、組織づくりも不可能となり、クリストフが話した相手も公安警察に追われていた。

クリストフは『朝日新聞』に載せた文章のなかでつぎのように記した。

「（活動家の答えは）日本人ビジネスマンを殺害して政府を困らせ、経済状況を悪化させる、ということだった。

幸い実行されなかったが[2]、この計画は将来の日本にとって重大な問題の所在をはっきり示している。日本の隣国は、日本に対する深い嫌悪感を抱いている。中国勤務から日本に移って以来、中国人の大多数が抱く日本に対する敵意に、大部分の日本人がほとんど気付いていないことに、私は衝撃を受けている。中国で中国語を学ぶ際、『恨』という漢字は『われわれ中国人が日本人に対して抱く感情』としばしば定義される」

クリストフが記したこの部分、そしてこのあとに書いた部分はこのさきで検討する機会があろうから省略して、最後の節をつぎに掲げよう。

「日本は普通の中国人が日本に対して抱いている敵意を取り除くようにしなければならない。文化交流や相互留学は日本への理解を深めるだろう。中国女性を受け入れ、子供の養育を任せるのも一案だ。日本の母親には好都合だし、両国の理解を進めることになる。これは小さな一歩だが、日本は中国人が日本を理解するのに役立つ方法を考えなければならない。

日本に対する中国の敵意は深刻で、ぬぐい去るのに何十年もかかるだろう。それでも、いま手をつけなければならないのだ」

クリストフはまことに恐ろしいことを記した。読者はこれに対してなにも言わなかったのであろうか。なんの反応もなかったのであろうか。その後、『朝日新聞』の投書欄にはなにも掲載されなかった。

読者の声のみならず、中国大使を経験した人物、たとえば谷野作太郎、あるいは現代中国が専門の大学教授、たとえば毛里和子の意見が新聞に載ることはなかった。前に記したように、その後の連載で後藤田正晴はクリストフの警告に素知らぬ顔をしていたのだし、中薗英助はこれまたクリストフが提起したことになにひとつ触れることなく、中国の敵意をぬぐい去るのにこのさき五十年かかるのか、八十年かかるのかと暗澹《あんたん》たる思いを胸に秘めているのは間違いないながら、日中両国は「永く高い共生の精神文化形成へと向かわなければならないのではないか」と結んだのである。

だが、まったく、だれもが黙っていたわけではない。このクリストフの文章に、「そこまでいわれりゃムッとくる」と菊地哲郎が憤慨した以上に烈しい感情をぶつけた人がいる。

クリストフの文章がでて一カ月あと、七月八日付の『毎日新聞』で伊藤光彦がクリストフの文章を論じた。伊藤は日本有数のコラムニストであり、そのとき客員編集委員だった。

伊藤光彦が述べたことから、後藤田正晴がクリストフの論文に触れようとしなかった理由がうかがい知れるし、クリストフが説いたことについて、だれも新聞に投書しなかったのはなぜだったのかもわかるような気がするし、あるいはそのような投書があっても、没にしたのかもしれない事情も理解できるのである。

伊藤はつぎのように正直に記した。

「何事につけ、冷静であるのがよい。そう考え、そう書きながら、私は最近、日中関係についてあるジャーナリストが書いた文章を読んで、心の動揺が収まっていないことを告白せざるをえない。

六月三日付の朝日新聞に載ったニューヨーク・タイムズ東京支局長、ニコラス・クリストフ氏の記事である。日本に対する中国人の敵意は深刻だと書いている。同氏は一九九五年初めまで北京支局長を務め、東京に転勤してきた。天安門事件の報道でピュリツァー賞を得た人物である。

『中国勤務から日本に移って以来、中国人の大多数が抱く日本に対する敵意に、大部分の日本人がほとんど気付いていないことに、私は衝撃を受けている……』

私はこの部分が誤訳であってほしいと願った。英語の原文は知らないが、ここに言う『敵意』はホスティリティー（hostility）だと想像する。これは戦争状態の直前に近い精神状況を示す表現だ。

そのような『敵意』を中国人の『大多数』が抱いているという。『大多数』とは、公称十二億中国人のことか八億のことか。

……日本の戦争の罪科は罪科として、これは中国の人びとに聞いてみる必要がある。私はこのピュリツァー賞受賞者の中国報道に敬意を感じてきたけれど、私自身は他国と他国の関係のことで、こんな書き方はしたくない」

この文章のなかで伊藤が書き綴ったように、たしかに伊藤の心の動揺は大きかったようだ。

「中国人の大多数が抱く日本に対する敵意」とクリストフが書いたことを取り上げ、大多数とは、十二億中国人のことか、八億のことかと問い、「万一これが真実だとしたら、日中友好を願うことは不可能ではないか」と述べた。

伊藤は「万一これが真実だとしたら」と記した。真実か否かがわからないとは、まことに不思議なことだった。たとえば文革さなかの一九七〇年の中国を論じているかのようだった。その時期には日中記者交換に際して、国会議員の田川誠一が中国側と結んだ「秘密協定」なるものがあって、「反中国的な報道」をした、協定違反だと非難されて、日本の新聞社の特派員はすべて追放され、共同通信の特派員も追われ、NHKの特派員も再入国ができず、『朝日新聞』の特派員ただひとりが残るだけだった。ほかに中国にいた日本人はいわゆる毛沢東思想を信奉する人びとだけだった。中国でなにが起きているのか、われわれがなにもわからなくて当たり前だった。

ところが、伊藤がクリストフの文章を読んだのは一九九六年である。新聞社内を探せば、中国にいたことのある記者は何人もいたはずである(3)。社内を探さなくても、中国とのあいだを行き来している人は星の数ほどもいたのだから、伊藤は二人、三人の知人に向かって、このクリストフの文章が語っていることは真実なのか、それとも事実から遠いのだろうかと尋ねるのはわけもないことだったのである。

伊藤はだれかに問い、しかしだれひとりまともに答えなかったのであろうか。後藤田が語った「中国は知れば知るほど奥の深い大国だ。それを理解せねばならぬと思う」といったたぐいの台詞を聞かされただけなのであろうか。それで伊藤はクリストフが語ったことが誤りだと断言することもなければ、大げさにすぎる、思い違いをしているのだと説くこともしなかったのだろうか。

結局、伊藤はこの文章のなかでクリストフの指摘が大嘘だと反論もしなければ、事実だと認めることもしなかった。そして伊藤は「私自身は他国と他国の関係のことで、こんな書き方はしたくない」と言ったのである。

不思議なことだと言えばこれで四回目になる。まことに不思議である。

伊藤が「心の動揺が収まっていない」と書いたのは、そして「こんな書き方はしたくない」と言ったのは、クリストフが大多数の中国人が日本に敵意を抱いていると述べたことにたいしてなのか。クリストフが述べたことを繰り返すなら、「日本は普通の中国人が日本に対して抱いている敵意を取り除くようにしなければならない」と言った。こういうことを口にしてはいけなかったのか。「文化交流や相互留学は日本への理解を深めるだろう。中国女性を受け入れ、子供の養育を任せるのも一案だ」とクリストフは語った。これも端《はた》から言われることではない、大きなお世話だということなのか。

私は伊藤を非難するつもりでこのように書いてきたのではない。後藤田やほかの人びとが素知らぬ顔でクリストフの文章など気がつかなかったという顔をしていたとき、その文章を取り上げたのは、伊藤ただひとりだったのである。

そこで肝心要《かなめ》な最後の問題になる。伊藤光彦が「十二億の中国人、八億人もの中国人」が日本に敵意を持っているのかと考え込んだとすれば、その敵意がどのようにして生まれたのか、はっきり想像できたことがあったはずである。中国に詳しい人が伊藤の問いに答えて、これを語っていたはずである。だが、伊藤はこのことにはまったく触れようとしなかった。

クリストフもまたこれに触れていなかった。伊藤、クリストフがそのときに書こうとしなかったことは、中国の支配政党とその政府がそのときおこなっていた途方もない規模の「政治思想工作」の展開についてだった。

じつはここで終わって、第二章に移るつもりだった。ところが、クリストフはのちに再び同じ主題を取り上げている。二〇〇二年一月二十二日付の『ニューヨーク・タイムズ』に載せた文章である。クリストフが述べているのは、まさに中国を支配する政党がおこなってきた、この途方もない規模の「政治思想工作」についてであった。あとの章で引用しようといちどは考えたのだが、思いなおし、ここに掲げる。

この文章の題は「ザ・ニュー・チャイナ・シンドローム」であり、「愛国主義キャンペーンは手に負えなくなる」の副題がついている。そのときクリストフは北京を訪ねていた。この論文の後半の部分を載せる。

「とくに、中国は『日本鬼子《リイベンコエイツ》』と呼び、日本にたいする憎しみをかき立てることをやめなければならない。学校で、映画で、テレビで、そしてすべての宣伝ネットワークが日本についてがなりたてることから、中国人の敵意はますます危険なものとなっている。

最近、趙薇《ちょうび》という有名な女優が戦争中の日本の軍旗に似た服を着た写真が中国のファッション雑誌に載った。その結果、趙嬢は最下層の賤民とされてしまった。彼女はライブテレビ出演中に肉体的な危害を加えられた上、排泄物をぶちかけられた。当局は中国の春節のテレビ祝賀会から彼女を外した。そのファッション雑誌の編集者のひとりはクビとなった。

ますます開放的となる中国において、感情的な対外強硬の世論はいよいよ重大なものとなっている。危険なのは、敵愾心のあふれた愛国主義が中国政府の動きを縛る足かせとなってしまい、台湾の問題でアメリカとの戦いの危険を増大させ、係争中の尖閣《せんかく》諸島の問題で日本との戦いの危険を増大させることだ。

江沢民国家主席は外国人嫌いを育てようとしてはいない。しかし、新しい統一イデオロギーとして愛国主義を利用しようとするかれの努力は外国人嫌いをより大きなものにする危険がある。

このグローバルなコミュニティにおいてのもっとも大きな任務のひとつは、中国の勃興をうまく統御することである。ブッシュ大統領が江主席に覚《さと》らせなければならないのは、中国が金融システムと高速道路網を近代化し、そしてもうひとつ、憎しみよりも国際的な調和を増進するように宣伝機関を近代化することなのである。そうしてこそ、この地球コミュニティはよりうまくいくことになる」

クリストフは一九九六年六月に、日本はなにをしなければならないかについての関心と議論の喚起を試みた。だが、伊藤光彦以外、だれもが見て見ぬふりをした。それから五年と八カ月ぶりに同じ問題をクリストフは取り上げ、中国政府はなにをしなければならないか、アメリカ政府は中国になにを忠告しなければならないかを説いた。日本人が言わねばならなかったことをクリストフが再び語ったのである。

無論のこと、伊藤光彦はこの文章を読んだはずである。後藤田正晴はどうだったのであろう。当然ながら、外務省の中国課長、堀之内秀久もこの論文を読んだであろうし、アジア大洋州局長の田中均も目を通したはずである。いったい、かれらはクリストフのこの文章をどう思い、どのように語ったのであろう。

偽悪家ぶるのが好きな田中均のことだ。「日本の中年男性は女子高生好きとか言った例の記者だな。また利いたふうなことを言っているのか」と口にしたのか。いや、かれは黙ったままだったにちがいない。

そして黙ったままだったのは、新聞だった。『朝日新聞』もほかの新聞も、この論文についてなにも触れなかった。ただ一紙、翌日の『産経新聞』の夕刊がこれを紹介しただけだった。

【出典・注】

1　ニコラス・クリストフ、シェリル・ウーダン　伊藤正ほか訳『新中国人』新潮社　一九九六年六〜七頁

2　クリストフ氏は天安門弾圧の数カ月あとに民主活動家から、「日本人ビジネスマンを殺害して政府を困らせ」るのだと聞いた。そうしたことを考えた活動家はほかにもいたようだ。「倭寇に告げる書」と題した、つぎの脅迫状は「天安門事件以降に日本企業と日本政府へ送られてきたいくつかの脅迫状のうち、最初のものである。北京市内から投函され、一九八九年七月十七日

に日本航空北京支店が受け取った」

「倭寇に告げる書」の中身はつぎのとおりである。

「倭寇が共産党と結託して中国に対する大規模な経済侵略を企んでいることに鑑み、わが血光致死団は本日より倭寇と戦争状態に入る。

八月十五日より、毎月二名の倭寇を殺害する。もし倭寇に依然として後悔の念がなければ、来年には毎週一名の倭寇の殺害を開始する。

攻撃目標　中国へ来て投資する商人、旅行者、共産党のいわゆる『友好人士』。

駐華大使館、領事館の館員と家族、留学生、教師、新聞記者に対しては、われわれはその人身の安全を保障する。わが致死団は殺害されるべき倭寇とともに倒れるであろう。

血光致死団最高指揮部
一九八九年七月十三日

他の各国へ、独裁政府と結託すれば同じ末路になると伝達してほしい」安藤正士、小竹一彰編『原典中国現代史（第8巻）日中関係』岩波書店　一九九四年　二八六頁

3　じつを言えば、一九九六年七月二十二日付の『毎日新聞』朝刊に、同紙香港特派員の金子英敏氏がニコラス・クリストフ氏の文章に反論して、「『中国の敵意』は的外れ　誤解を招く安易な一般論」という題の文章を載せている。七月八日付の伊藤光彦氏の文章より二週間遅れで、金子氏は伊藤氏からバトンを引き継ぐ形で筆をとったのであり、「理性的、冷静であることと、鈍感を一緒にしてはなるまい」と結んだ伊藤氏の末尾に語った「鈍感」の言葉をバトン代わりに使っている。

私は金子氏のファンで、毎日新聞社刊行の『アジア時報』に毎回二頁載せる同氏の中国・台湾時評を読むのを楽しみにし、今回はなにを取り上げるのだろうと心待ちし、どのように解釈してみせるのだろうかと期待してきた。ところが、金子氏のこの文章は期待外れだった。

氏の文章の最後の節をつぎに掲げる。

「いま私がいる香港は、あと一年足らずで英国植民地の幕を下ろす。中国人が日本への敵意を抱くなら、香港人が百五十余年にわたって君臨した異民族・英国人に敵意を抱いてもおかしくないだろう。だが私は香港の人びとから『京官（北京の指導者）への恐れ』は感じても、『英国人への敵意』を見つけられない。鈍感なせいなのだろうか」

2　学生デモが政府に民主化を求めたとき

「われわれの政治思想工作が中途半端だった」……一九八九年四月二十五日　鄧小平

一九八九年のことだ。ニコラス・クリストフが「中国人の大多数が抱く日本に対する敵意に、大部分の日本人がほとんど気付いていないことに、私は衝撃を受けている」と記したときよりも七年前のことになる。

その年の四月五日、ポーランドでおかしなことが起きた。ポーランドの共産党である統一労働者党が握る政権が、「連帯」と呼ばれる自主的な労働組合の代表とのあいだで、政治・経済の改革、労働組合制度を根本から変革することについての合意をまとめた。政府は非合法としていた「連帯」を合法化し、連帯運動をはっきり承認することになったのである。

これは共産党の支配する国では、あってはならないことだった。共産党は進歩的階級である労働者階級の前衛党であり、その代表者としての権利を持つというのが、ほかからの異論を決して許さない原則だった。それこそソ連の共産党が、実際には存在していなかった労働者階級の前衛党だと主張して権力を握って以来、このドグマにだれをも従わせて、共産党は独裁をつづけてきたのである。

中国共産党もまったく同じだった。政治の領域であれ、社会の領域であれ、複数制をまったく認めず、自主的な労働組合の結成を許さず、共産党以外の政党の存在を許してこなかった。このさきで述べることになるが、胡耀邦《こようほう》はこれに手をつけようと試みたのである。

ポーランドの共産党が自主的な労働組合である連帯運動を承認してしまったことは、その専制体制が存在するためのイデオロギーを放棄したのも同じことだった。そしてその独裁党は条件付きではあったが自由選挙をおこなうと約束してしまうことにもなった。

これを見た北京の中央政治局の常務委員たちは、中国東北の労働者がポーランドの連帯と同じような行動を起こすかもしれないという不安を抱くようになり、学生たちの政治運動が激しくなるのではないかと警戒を強めた。すでに一九八五年から学生たちのデモが断続的に起きていた。

中共党の幹部たちがポーランドの動きを心配すれば、中国の民主化を求める人びとは面白いことが起きているぞとポーランドの動きに大きな期待をかけるようになった。市民のレベルで組織をつくり、国民の各層からの支持をひろげる連帯組織をつくろうと考える人たちは希望を燃やすことになった。

ポーランドの連帯運動が正式に承認されてから八日あとの四月十五日だった。その日に胡耀邦が没した。胡はだれもが認める中国民主化の推進者だった。そのため、二年前、鄧小平《とうしょうへい》によって、党総書記のポストを追われたのだった。

胡耀邦の死につづいて、北京の大学内で哀悼活動がはじまり、北京の市民は天安門広場の人民英雄記念碑に花束と、かれを改革者、民主主義者と讃える文字を書いた紙を持って集まり、大学内には壁新聞が貼られ、デモ隊が天安門広場に集結した。北京、そして中国全土の都市に熱気が高まった。世界中に報じられることになる天安門事件のはじまりである。

四月二十五日午前九時のことだった。胡耀邦の死から十日あとのことだ。北京市内の景山《けいざん》公園の北、地安門《ちあんもん》の近くにある鄧小平の私邸に党の最高幹部が集まった。総書記の趙紫陽《ちょうしよう》は北朝鮮を訪問していて不在だった。李鵬《りほう》、楊尚昆《ようしょうこん》、喬石《きょうせき》、胡啓立《こけいりつ》、姚依林《ようい りん》、李錫銘《りしゃくめい》、陳希同《ちんきどう》といった顔ぶれである。

あとになれば、その日の密室の会議が非常に重要だったことが明らかとなる。鄧小平はこの日に学生の動きにどのように対応するかの基本方針を定め、さらにそのあとなにをしなければいけないかをひとり思い定めたのである。

鄧小平はそのとき八十四歳だった。かれは一九七九年から中国の最高権力者だった。付け加えるなら、この一年あと、一九九〇年四月にかれは完全な引退を宣言した。のちに明らかになったところでは、かれの引退にさきだって「もっとも重要な問題については鄧小平同志の舵取りに任せる」という中央委員会の秘密決議があった。その二年あとのことになるが、一九九二年一月から二月にかけて、かれは武漢《ぶかん》、深圳《しんせん》、珠海《しゅかい》、上海を回り、その談話の要点をまとめた「南巡講話」を発表し、江沢民《こうたくみん》と首脳部が階級闘争を忘れてはいけないと説教しているのを世迷い言だと叱ったのは、かれの最後の「舵取り」となった。これについてはこのあとで述べることになろう。

一九九四年十月一日、花火を見る老衰の激しい鄧小平の写真の掲載が、かれの写真公表の最後になった。かれは一九九七年三月に没した。

鄧小平の私邸の会議がはじまった。だれもが北京と各地の大都市の不穏な空気の広がりに緊張していた。

このあとつづく鄧小平の邸内での会議参加者の発言はすべて『天安門文書』(1)からの引用である。まず、李鵬が鄧小平に向かい、北京市党委員会と国家教育委員会から「大学の事態と社会の趨勢」について報告を受けたのだと言い、「われわれは北京の情勢はきわめてきびしいと考えます」と語った。

李鵬はそのとき首相であり、六十一歳だった。その二年前、胡耀邦が総書記から解任されて、首相だった趙紫陽が総書記となり、空席となった首相のポストに副首相だった李鵬が充てられたのだった。そしてそのあとかれは中央政治局常務委員会の一員となった。序列は趙紫陽のうしろだった。

ちなみに一九九八年に首相の職務は朱鎔基《しゅようき》に引き渡され、かれは引退する喬石に代わって全国人民代表大会の委員長になったが、二〇〇三年三月に引退した。

つづいて胡啓立が発言した。

「これは十年来最大の学生運動です。全国の二十余の大、中都市で学生のデモが発生しています」

胡啓立はこの二年前、党の中央書記処の書記であり、胡耀邦罷免のあとに中央政治局常務委員となっていた。六十歳だった。付け加えるなら、このあと趙紫陽の側に加担したと批判され、力を失った。

李鵬は言った。「壁新聞や学生がデモの途中で叫ぶスローガンのいくつかは反党、反社会主義です。かれらは精神汚染とブルジョア自由化の判定の破棄を叫んでいます。矛先は直接、あなたや先輩世代のプロレタリア革命家の方々に向けられています」

鄧小平が言った。「わたしが院政を敷いていると言ってるそうじゃないか」

李鵬が言った。「政府への公然たる辞職要求、『中国の統治権の問題に対する公開調査と討論』などとばかげた呼びかけや選挙制度の拡大、憲法改正、政党と報道の制限の撤廃、反革命罪条項の廃止の要求があります。違法な学生組織が北京と天津《てんしん》で出現しています」

陳希同がつづいて報告した。

「違法な学生組織です。北京大学では、学生の一部がポーランドの連帯をまねて自前の学生連合会を結成しました」

かれは中央政治局委員であり、北京市党委員会書記兼市長だった。かれは一九九五年に失脚した。これについてはこのあと触れる機会があろう。

陳はつづけた。

「わたしは鄧小平同志に、ここ数日の北京の大学情勢について報告いたしたい。四月二十三日以来、四十八の大学で六万人余の学生が授業放棄をしております。授業放棄には四つの特徴があります。

第一、かれらは世論を刺激して大衆の支持を取りつけようとしている。二十三日以来、四十二の大学で中間派の学生と教職員の支持を狙った演説やデモがありました。北京大学、清華大学、北京師範大学、中国人民大学、その他の大学で学生は校舎やグラウンドに集まってデモや演説をやっていますが、もっぱら学生には授業の放棄を、教師には教壇に立つなと訴えています。北京師範大学では、公然と『鄧小平打倒』とはやしたてました。学生たちは街頭でありとあらゆる種類の壁新聞を貼り出し、ビラを配って広く社会への影響力を広げています。違法な学生組織は北京大学、清華大学、北京師範大学、中国人民大学、中国民族学院で、放送施設を乗っ取りました。

第二、学生のストは党中央との対話に向け圧力をかけている。北京大学、清華大学、北京師範大学、中国人民大学、中国政法大学、その他の学校では違法な学生ピケ隊が結成されました。隊員らは教室や校舎の入口に配置され学生が授業に出るのを阻止していますし、北京郵電学院では学生が教室のドアに鍵をかけてしまいました。

第三、ストは寄付集めと資金の蓄積に役立っている。四月二十四日から学生たちは四道口、動物園、展覧館、美術館、西単、復興門、天安門、その他の場所で募金活動をした。北京大学の一学生によれば、二十四日の午後、五千元以上の寄付金を受け取ったということです。

第四、ストはさまざまなデマを生んでいる。各地のキャンパスにとりわけ広がったデマに、清華大学の有名な学長・劉達《りゅうたつ》が近ごろ鄧小平同志を私邸に訪ね、自分の大学の情勢を報告した。鄧小平同志は報告を聞くと、軍隊を差しむけて学生運動を粉砕しなければならんといった、というのがあります」

姚依林が言った。「学生運動の性格が変化した。はじまりは哀悼だったのが社会的動乱に転化した」

姚依林は八〇年代を通じて国務院副首相の地位にあり、政治局常務委員だった。一九九四年十二月に死去した。

楊尚昆がつづいて語った。「下心のある少数の者がこの動乱に付け込んで動乱を引き起こすのを許すわけにいかない。すみやかにかれらを暴きださなければならない」

鄧小平が「わたしは常務委員会の決定に完全に同意する」と言い、しばらく語って、「われわれは旗幟鮮明にこの動乱に反対しなければならない」と結んだ。

胡啓立が「鄧小平同志の論評はきわめて重要だ。われわれはすみやかにこれを広める必要がある」と言い、李鵬がしめくくった。

「胡啓立同志、鄧小平同志のただいまの発言を知らせるために、われわれはただちに『人民日報』

社説を準備するべきではないか」

翌四月二十六日の社説の基本線が決まった。

会議は二時間足らずで終わった。そのあと楊尚昆ひとりが残り、鄧小平と話し合った。楊はその日に集まった幹部たちのあいだでは別格の長老であり、八十一歳だった。かれは政治局常務委員会議の出席権を持っていた。鄧と同じ四川《しせん》人であり、一九五〇年代に鄧が党の中央機関を牛耳っていたときからの忠実な協力者だった。文革がはじまって最初にかれは追放された。『人民日報』に「ソ連に内通した反革命分子」と叩かれたのは、四十年昔、モスクワ中山《ちゅうざん》大学に留学した経歴からであろう。名誉回復したのは一九七八年の末だった。鄧の後押しで、思いもかけず中央軍事委員会を支配するようになった。江青《こうせい》、張春橋《ちょうしゅんきょう》らを捕らえ、軍全体の威望を担っていた元帥の葉剣英《ようけんえい》はそれより三年前に死亡し、ほかの元帥たちも没し、軍の実力者はいずれも中央顧問委員会という名の養老院に送り込まれてしまっていた。

楊尚昆はこのときの鄧の発言を記録している。

「今回の学生運動は、われわれの政治思想工作が中途半端だったことを物語っている。われわれは『四つの基本原則』について語ってきた。政治思想工作について、ブルジョア自由化、精神汚染反対について語ってきた。しかし、われわれは最後までやり通さなかった。事を完遂しなかったのだ」

鄧小平は楊尚昆に向かって「四つの基本原則」と言い、「ブルジョア自由化反対」と言ったという。「四つの基本原則」とは、「社会主義の道を堅持し」、「人民民主主義独裁を堅持し」、「党の指導を堅持し」、「マルクス・レーニン主義、毛沢東思想を堅持し」と盛りだくさんだ。鄧小平はまた、べつの機会に「四つの基本原則」の対極が「ブルジョア自由化」だと言った。(2)「ブルジョア自由化」とは、ブルジョア階級の自由化ということだ。「ブルジョア自由化反対」すなわち、ブルジョア階級に好き勝手なことはさせないというのは、共産党の指導に従わない労働組合や市民団体、共産党以外の政党の存在を許さない、共産党による独裁をつづけるということを飾って言っただけのことである。

学生デモを前にした鄧小平の考えは決まっていた。まずは戒厳部隊を出動させ、この運動の指導者を根こそぎ捕まえる。学生たちの主張に同調した党幹部を追放し、党指導部を整頓する。そして、青少年に共産党の独裁は当然なことなのだと教え込まなければならない。

そのためには「四つの基本原則」「ブルジョア自由化反対」「精神汚染反対」を青少年にしっかりと学ばせねばならないと鄧はこのとき考えていたのか。記録によれば、鄧小平は楊尚昆にこれらの言葉を語ったとある。使い慣れた政治用語がすらすらと口からでたのであろう。

鄧小平が「四つの基本原則」を遵守しなければいけないといった演説をぶったことは前に何回もあった。だが、かれが楊尚昆と話したときに考えていたのは「四つの基本原則」や「精神汚染反対」などであるはずはなかった。「四つの基本原則」を守れと学生たちに向かって何十回繰り返したところで、かれらが欠伸《あくび》をこらえて聞いているだけなのは、鄧小平がいちばんよく知っているはずのことだった。

今度こそ「小鄧《シャオトン》」こと鄧麗君《テンリーチュン》の「何日君再来《いつのひかきみかえる》」や「夜来香《イエライシャン》」のCDを一枚残らず没収しろと命令してやろうと「老鄧《ラオトン》」は思ったりしたはずもなかった。鄧麗君とは、台湾客家《ハッカ》出身のテレサ・テンである。彼女は一九九五年に亡くなったが、日本にもいまもなお少なからずのファンがいる。

さて、「老鄧」はデモを鎮圧したあと、どのような政治思想工作をおこなおうと考えていたのか。


【出典・注】

1　張良編　山田耕介ほか訳『天安門文書』文藝春秋　二〇〇一年　九八〜一〇一頁
2　前掲書　二六七頁

3　「階級苦」と「民族苦」を教え込んで、失政の党を救う

「『両憶三査』こそ生きた教育であり、きわめて有効な方法である」…………一九六一年一月　林彪

二千万人餓死、党が危急存亡のときにやったこと

一九八九年四月二十五日、鄧小平《とうしょうへい》は楊尚昆《ようしょうこん》に向かって、政治思想工作が中途半端だったと後悔の言葉を洩らした。

ところで、政治思想工作とはどういうものか。

年配の人であれば、その昔に中国の土地改革についての記録を読んだ記憶を持っていよう。文化

大革命を賛美した文章や、あとになればその大きな混乱についての見聞記、その渦中に巻き込まれた人びとの回想録を読んだ人はさらに多いだろう。中国の専門家なら、知識人苛《いじ》めの反右派闘争があった、あれも政治思想工作ではなかったのか、階級と階級闘争を力説した一九六二年から六六年にかけての社会主義教育運動などというものもあったと考えるにちがいない。

そして毛沢東が繰り返し強調した大衆動員の基本方式、「地主、富農、右派分子、悪質分子」を悪のカテゴリーと定め、単位（職場）全員の五パーセントを選びだして敵にするという定石を思い浮かべる人もいるだろう。

しかしながら、それぞれの時代を記述した論文や回想録を読み直してみても、毛の政治思想工作のやり方はもうひとつはっきりしない。

はたして政治思想工作とはどんな具合におこなうのか。およそ政治思想工作らしい政治思想工作、中国共産党の面目を発揮した政治思想工作は、一九六一年から六二年におこなわれた。

だが、それより前から語らねばならない。毛沢東の「三面紅旗」の運動（一九五八年に毛沢東が開始した「社会主義建設の総路線」「大躍進」「人民公社」建設の三つのことだ）は、北は黒竜江省《こくりゅうこう》から南は海南島《かいなんとう》まで、二年間に二千万人以上の人を餓死させる大惨禍で終わった。

二千万の死者と言ったが、これはもっとも低く抑えた推定数字である。ニコラス・クリストフはその著書のなかで、「それは、中国はおろか世界でも最悪の飢饉だった。三千万を優に超える死者数」と言っている。(1)

英国人ジャーナリスト、ジャスパー・ベッカーの著書『餓鬼（ハングリー・ゴースト）』は、一九六〇年、六一年の中国の大飢饉を調べた優れた著作だが、アメリカの人口学の専門家が犠牲者を三千万人と推定していることを記し、複数の中国人研究者と亡命者は四千万人と説いていることをも紹介している。[2]

一九五八年に毛沢東が号令をかけてはじめた三面紅旗の旗のひとつ、人民公社運動は、すべての農民を兵営内の兵士と同じようにさせることだった。号令をかけられ、皆は一緒に働くことになった。食事を無料にするといった掛け声で、社員たちは茶碗を持って食堂に行くことになった。そして一九五八年の収穫期のあとには、鉄鋼の生産を二倍、三倍にするのだということで、全人民製鉄、製鋼運動を開始し、小型土法炉をつくり、牛糞のような「土鋼」の生産をつづけた。

大躍進運動、人民公社運動の先頭に立った各省の党書記から末端の百万人にのぼる基層幹部までが、熱に浮かされたような状態だった。省の幹部は下層の公社幹部に毎日の鉄鋼生産量を報告させた。毛沢東が深く耕せば収穫量が増えると言いだしたことから、公社の幹部は社員たちに「深耕《しんこう》三尺」を命じた。「空気と太陽の光を浪費してはいけない」と毛沢東は言い、稲、小麦の密植《みっしょく》を命令して、公社の幹部はそれに従った。そして一畝《ムー》当たり八千斤《チン》（一畝は六百平方メートル、一斤は〇・六キログラムにあたる）の収穫があったとして、平年作の十倍の収穫量を上部機関に報告することにもなった。

翌一九五九年になっても、だれもがなおも嘘をつきつづけた。というよりは、実態を隠すことに汲々とするようになった。その年の七月、農村がどれほどひどいありさまになっているのかを明らかにした国防部長の彭徳懐《ほうとくかい》は、逆に「ブルジョア階級の犬」と毛沢東から激しく罵倒されてしまった。「未曾有の大豊作」「一割ないし二割の増産」の宣伝はなおもつづけざるをえなかった。『人民日報』の社説は、農民がなによりも嫌っていた公社の食堂を褒めたたえ、「公社食堂の前途は洋々」と主張した。そして誇大な報告はなおもつづいた。

だが、公社の社員はまったくやる気を失ってしまい、農村は荒廃状態に向かった。上からの命令と自分たちのごまかしや嘘に縛られ、地方の党書記は助けてほしいと中央の機関に懇願できないでいるあいだに、各地に飢餓がひろがり、疾病が追い打ちをかけることになった。

これが一九六〇年の夏のあいだに起きたことである。死者が増えはじめ、ひとつの村で住民の三分の一が死に、村の半数が死ぬ地域もでてきた。公社から逃げだした農民は乞食になり、都市を放浪した。畑荒らしがどこでも起きたし、公社の倉庫を襲撃した。無法者は徒党を組んだ。いよいよどうにもならなくなった。人民製鋼運動はとっくに中止となっていた。

その年、一九六〇年の末には、毛沢東が唱えた「一に大、二に公」という人民公社の基本原則は放棄された。農民に譲歩して、公社の最下部の機構、生産隊を激励するという口実のもと、事実上、人民公社創設の前に戻すことになった。いっそのこと、各戸の生産請負にしたいというのが党幹部の腹のうちであった。だが、毛の逆鱗に触れるのを恐れ、「右翼日和見主義」と叱責されるのを避けるため、だれもがそれを口にだせなかった。各戸が耕作する土地をわずかながら認めることが精一杯だった。そして個々の農家が自分の生産物を闇売りするのを黙認することにもなった。

人民公社にすべての権力を集中することにしたかと思えば、たちまちのうちに生産隊に基礎権力を委譲するといった混乱のなか、死者と逃亡者、嘘とごまかしの日々がさらにつづき、士気は極限まで落ち、規律がでたらめとなるなかで、公社の幹部たちは「土皇帝《トウホアンテイ》」となって専横をきわめ、社員たちに蛮行をふるい、命令に従わない者を監禁し、自分たちのカネ儲けに励むようにもなった。

中共党はその存立の基盤が崩れようとしていた。それだけではすまなかった。軍の動揺が大きくなったのである。

兵士、下士官たちは自分の出生地の恐ろしいばかりの状況を親兄弟の手紙からうかがい知るようになった。一日に食事は二回だけだ。公社の食堂で行列に並び、丼につがれるのは芋の葉、あるいは野草、砕いたトウモロコシの茎の入ったスープだけだ。そして食堂の行列は力の強い者が優先する。製鋼運動のために鉄の鍋をすべて供出してしまった一家が、空腹に耐えかねて土鍋で野草を煮ようとすれば、家の竈《かまど》を使ったと咎《とが》められ、笞で打たれる。かれらはこうした故郷の出来事を知った。

汪東興《おうとうこう》が直轄する中央警衛団の兵士たちは疑問を洩らし、「あれほどたくさん穫れた食糧はどこへいってしまったのか」と言った。汪は毛沢東の警護を長いあいだつづけ、中央警衛団は毛の護衛隊だった。汪は文革中に最高幹部のひとりに昇格し、一九七八年に華国鋒《かこくほう》とともに失脚したときには、党副主席だった。

中央警衛団の兵士は上官に向かって「いまの百姓が食べているものは犬にも及ばない。だれもが腹ペコで、力が抜けてしまっている。子豚は腹を空かせて立ち上がることもできない」「人民公社の社員たちは、毛主席は自分たちに飢え死にしろというのかと言っている」と故郷から知らせてきたと語った。「公社では社員に休息も許さない」と泣き言を綴ってきたと語り、「幹部たちに不満を言えば、殴られる」と訴えてきたと言った。「母親が言ってきたことと上官が語ることとどちらが正しいのか」と洩らす兵士たちがいた。「連隊の招待所に親族が面会に来てくれても、父母ではなく、叔母や従兄弟だったら、飯も食べさせてくれない」と怒る兵士たちがいた。(3)

故郷からの知らせで、何人もの近親者が死んだことを知った兵士たちは、「公社ができて、どうしてこんなことになったのか」と上官に質問した。

地域によっては、軍隊内でも十分な食事をとることができず、浮腫《ふしゅ》や肝炎の患者が多くなっていた。しばらく走れば、目まいがして、足はもつれ、訓練も思うようにできない連隊も増えていた。いったい三面紅旗運動はなんだったのだ、あの食糧大収穫のニュースはすべて嘘だったのかと、だれもが上官に問いただそうとした。

軍の首脳はなにかをしなければならなかった。意気消沈し、反抗的になっている下士官、兵士たちに精神教育をほどこさなければならなかった。軍の士気の回復を図らねばならなかった。地の底まで落ちようとする中共党の権威を引きずり上げ、党にたいする不信感を取り除かねばならなかった。この絶望的な状況のなかで、党はどのような場合でも切り札となる政治思想工作をおこなわねばならなかった。

だが、各職場の人員の五パーセントを敵と定め、以前に「右派分子、悪質分子」のレッテルを貼った者を再び引き出し、さらに割り当て数字の達成のために犠牲者を選びだし、弱い者を苛め、加虐的に痛めつけて楽しみ、自分たちより下級の「賤民」をつくることで満足するという、建国以来つづけてきた、いつもながらの大衆闘争では、今度ばかりはすまなかった。省、県の党書記、基層幹部の命令がもたらした大惨禍を「地主・富農」のせいにするわけにはいかなかったからである。いまやべつの政治思想工作が必要だった。

こうして考えだされた政治思想工作の正式名が「両憶三査《りょうおくさんさ》」教育運動である。この運動の指揮をとったのが、そのときに軍の最高責任者だった林彪《りんぴょう》である。

林彪について述べておこう。一九二七年、湖南《こなん》蜂起、長沙《ちょうさ》攻撃に失敗し、湖南省と江西《こうせい》省の境にある井崗山《せいこうざん》に毛沢東が逃げたときから、林はかれの部下だった。その軍事能力を買われ、つねに最精鋭の部隊の指揮をとった。一九五九年に失脚した彭徳懐に代わって国防部長となり、党中央軍事委員会副主席ともなった。

そのかれがただちにしなければならなくなったのが整軍運動であり、「両憶三査」教育運動だった。そして毛沢東はその成果を認め、一九六四年には「解放軍に学べ」と唱えるようにもなった。つづいて林彪は文化大革命を発動した毛沢東の「親密な戦友」となった。だが、なぜか毛がかれを嫌いになったことが原因であろう、一九七一年にかれと妻、息子は謎の死を遂げた。六十三歳だった。

さて、林彪が指揮したこの「両憶三査」教育運動だが、中国の外にいる人間が知ることができたのは、「両憶三査」という言葉が意味することぐらいであり、運動がいかにしておこなわれるのか、ごく簡単なこともわからなかった。

ところが偶然のことから、「両憶三査」教育運動をどのように展開するか、その細目が詳《つまび》らかになって、中国共産党の政治思想工作の方法が国外の人にも明らかになった。台湾の蔣経国《しょうけいこく》配下の特殊部隊が、福建《ふっけん》省沿岸のいちばん北、連江県《れんこう》で『工作通訊《こうさくつうじん》』と呼ばれる中共党のこの運動の工作指令書を手に入れたのである。

その文書は「連江県《レンチアンシエン》文書」とも呼ばれる。アメリカの中央情報局の手にも渡り、そのコピーを読んだアメリカの研究機関による命名であるが、そのあとも連江県で手に入れた中共党の文書があったことから、それらを含めて「連江県文書」と呼んだのである。

台湾の蔣経国の特殊部隊についてもう一言触れておこう。

蔣経国とかれの部下たちは、手に入れた『工作通訊』によって、中国内部の恐ろしいばかりの経済状況を知った。また、一九六二年の春には、福建省の隣の広東《カントン》省で、わずか数週間のうちに二十万を超える人が香港に逃れ、華南《かなん》の食糧需給の窮迫ぶりがいよいよ明らかとなった。蔣経国は特殊部隊による奇襲を繰り返し、住民の蜂起の起爆剤にしようとした。だが、うまくいかなかった。

北京側は、台湾がより大規模な軍隊を厦門《シイアメン》や福州《ふくしゅう》に上陸させるのではないかと恐れた。そこで一九六二年六月に、福建沿岸に五十万の大軍を公然と送り込み、これをアメリカと蔣介石《しょうかいせき》に見せつけた。毛沢東がアメリカは蔣の冒険を抑えるだろうと読んでいたのなら、その読みは当たった。海峡の危機は終わった。しかし、すべてが終わったわけではない。これについては、第六章の「毛の戦争、鄧の戦争、江沢民のための手本」でもう少し触れることになる。

『工作通訊』に戻る。蔣の特殊部隊が手に入れたのは、一九六一年一月の第一期から八月上旬の第二十九期分までだった。中国軍の総政治部が編集したもので、「連」クラス以上の部隊、機関の党幹部だけが読むことができた。連は、軍、師、団の下の単位である。日本の軍隊の単位では中隊である。

この『工作通訊』は「両憶三査」教育運動のための教則本だった。それまで総政治部がだしていた『八一雑誌』を廃刊にして、わざわざ『工作通訊』を刊行したのは、新しい政治思想工作にたいする総政治部の意気込みを示すものだった。「両憶三査」の政治思想工作がつづくあいだ、この指導書の中身は充実していた。精神療法の先生が年若い弟子たちに患者の扱いを教える手引書そのものであった。それだけに、運動を成功させるための緻密なプログラムとその手だてを兵士たちに知られるのは面白くないと思ってのことであろう、総政治部は「『工作通訊』の機密性はきわめて大きい、保管を厳密にするように注意せよ」と繰り返し説いていた。

さて、「両憶三査」のことになるが、これは文字どおり「二つのことを思いだし、三つのことを調べる」ということだ。「二つのことを思いだし」とは「階級苦」と「民族苦」を思いだすことであり、「三つのことを調べる」というのは、「立場」「闘志」「工作」を調べることだ。

中国共産党のお決まりのやり方で、たとえばこのさきで述べることになる「愛国主義教育実施綱要」でも同じだが、このときも全体に大号令をかけるより前に、いくつかの単位で実験をおこない、運動展開にあたっての欠陥を見つけ、改善する個所を検討するということをやった。それが終わると、これから運動をはじめようとするすべての部隊と機関に向かって、『工作通訊』内でつぎのように宣伝した。

「『両憶三査』を実施したすべての実験単位は、『面目を一新し、士気は上がり、一時的な困難に打ち勝ち、『四好《スーハオ》連隊』創造のための良好な思想的基礎をつくりあげた』」

「四好」とは、第一に「政治思想が好《よ》いこと」で、共産主義、中国共産党に忠実なことだ。第二に「三八作風が好いこと」である。軍規が厳正なことだ。この「三八作風」とは、毛沢東が述べた「三句と八字」を指す。「三句」とは「正確な政治方向の確立」「苦難に耐え、素朴な工作作風」「機敏な戦略戦術」であり、「八字」とは「団結」「緊張」「厳粛」「活発」である。第三は「軍事訓練の好いこと」だ。これは説明は要るまい。そして第四は「生活管理の好いこと」、内務勤務が良いことである。こうして「四好連隊」ができあがるわけである。

軍を立て直し、軍を再生させてこそ、党を支えることができる。軍隊すべてではじめる「政治思想工作」に党の再建はかかっている。軍の最高責任者の林彪は繰り返しこのように説いた。

いよいよ全国の部隊、軍機関で「両憶三査」運動が開始された。

一九六〇年十二月十七日、林彪総司令が部下に語った長い電話の内容が、各軍区の政治委員と政治部主任の集会で伝えられ、『工作通訊』に掲載された。「両憶三査」の「政治思想工作」を軍のすべてに普及させよという命令だった。

翌一九六一年一月七日の劉志堅《りゅうしけん》総政治部副主任の訓示と、そのあと北京軍区政治部の部内に向けた指示も『工作通訊』に載せられた。

これらを紹介しよう。

『工作通訊』はまず、十分に準備を整え、この運動の推進にあたる幹部と連隊の中核分子に運動の方針、目的、順序、そして関係する政策をはっきりと教え、考えをひとつにして指導できるようにしなければならぬと指示している。

「関係する政策」とはなんのことか。前年、一九六〇年十一月のはじめにでた「農村人民公社当面の政策問題に関する十二条の緊急指示」である。すでに述べたとおり、農家ごとの自留地を認め、人民公社の所有制を生産隊に引き下ろせという命令だった。林彪も部隊でこの「十二条」の徹底的な宣伝教育をするようにと命じていた。

そして「両憶三査」運動を開始するにあたっては、各単位の将兵の家族や本人が受けた苦難の状況をしっかりと把握して、苦難を思いだすのにもっとも良い事例を選びだし、失敗しないと見極めて、的を定めて矢を放つようにしなければならないと告げている。

読者はうっかり間違えるかもしれないから念のために記すなら、「将兵の家族や本人が受けた苦難」とは、「三面紅旗」のスローガンを掲げ、大製鉄・製鋼運動と人民公社がもたらした農村の飢餓と、飢餓が原因の村人の離散、餓死のことではない。毛沢東主席の命令がひきおこした大きな悲劇とはなんの関係もなく、それに追随した共産党のとてつもない誤ちが生みだした苦難とも関係はなかった。「両憶」とは、はるか以前の「階級苦」と「民族苦」のことである。

すべての幹部と戦士に「苦難を思う」ようにさせなければならないと総政治部の幹部は繰り返し説いているが、これははじめてやる運動ではなかった。かつて抗日戦、内戦のあいだ、共産軍が農民を味方につける方法だった。村民を集め、もっとも貧しい者に「訴苦」と呼ばれる身の上話をさせ、その不幸はどこから来たのかを教え、敵はだれなのかを皆で確認し、団結を誓うということをやったのである。現在、アメリカで盛んな「集団的精神療法」と呼んでよいものだった。

総政治部はそこで重要な指示をだした。

「兵士たちは若いから思いだすような苦しみを持っていない」「思いだすことができない」といった「誤った思想」を徹底して批判しなければならないと、総政治部副主任、劉志堅は言った。この教育運動が終わったあとのことになるが、一九六一年三月二十二日付の総政治部の長文の総括報告のなかにつぎのような一文がある。

「わが軍の戦士は苦しみのなかに生まれ、幸福のなかに育ってきたから、過去の苦しみを知らず、苦しみを忘れてしまっており、甚だしきは現在の困難を誤って自分たちの苦しみだと思っている」

その「現在の困難」への対処法だが、兵士たちの出身地を調べ、「三面紅旗」の「大災害地区」

の出身者が多ければ、苦しみを思いださせるよりも「十二条の緊急指示」を丁寧に説明し、もう大丈夫だと教えるようにせよと力説した。

苦しみを思いださせるには「もっぱら教材に頼ってはいけない」と主張した。なぜなら「教育が死んだものになってしまう」からだと強調し、幹部が率先して苦難を思いだすことが、部下たちに苦難を思いださせる高まりを引き起こす有効な方法であり、「苦難を思いだし、お互いの苦難を比較させる、そして苦難の根本を探るようにさせる」のだと説いた。

総政治部副主任、劉志堅の電話会議の訓示は懇切をきわめたものだ。かれはこう言っている。「苦難を思うときに、感極まって涙を流し、泣くのは当然のことだが、ある単位では、泣き方の如何によって効果を測る基準とし、『涙を流さなければ、会場から出さない』と決めたり、『苦難のなかった人も同情の涙を流さなければならない』と呼びかけている。だが、これは適切ではない。また苦難を思いだしてすぐに泣きはじめたのでは、苦難の実情をはっきり訴えることができず、効果があがらない[4]」

そしてこれまた重要なことを説いた。「階級苦と民族苦とをいっしょに思い起こす場合、主として階級苦を思うことからはじめる」、「旧社会への深い恨みを思いださせる」、「階級的搾取を受け、階級的圧迫を受けた苦しさをぶちまけさせる」、それと同時に「幹部と戦士に民族苦を思いださせるように指導すべきだ」と教えた。

これについて、総括報告はのちにつぎのような成果を挙げている。

「独立四団を例にとろう。この団で苦しみを思うことに加わった戦士は、全団総数の八五パーセントだった。そのうちで、本人か、あるいは親族のだれかが農家の長期契約の雇い人だったり、地主の搾取を受けた者は千五百十四人、飢饉のためによそへ逃げたり、乞食になった者は九百六十四人、親族がいじめ殺されたり、殺害された者は八百十三人、親族が子供を売り、娘を売った者は二百八十二人である。また三〇パーセントの戦士が自ら苦しみを受けていた」

総政治部の指導はさらにつづく。

戦士たちに「階級的敵愾心を奮い起こさせ、階級的自覚を高めさせ、根本を忘れた思想を克服させ、帝国主義にたいする恨みの感情を起こさせ、平和に毒された思想を除去させ、戦闘意欲を増大させることだ」と説き、戦士たちにわが身の苦難を思いださせる過程で、幹部たちにとって大事なことは「苦難を思いだす模範」を見いだすことであり、そのモデルをしっかり養成することだと教示し、模範養成のよしあしは、「苦難想起大会」の成否に関係するのだと説いた。

この苦難想起大会こそ、「両憶三査」運動を最高潮に盛り上げ、兵士、下士官たちの意識を揺るぎのないものにするこの上なく大切な儀式だった。

苦難想起大会についても詳しく指示されている。大会の主役を演じるのは「模範」だが、この「模範の条件」は、「苦難が深く」「苦難をよく表現でき」「しっかりとした自覚を持ち」「人びとに訴える力を備えていなければならない」。模範を決定したら「丹念に養成しなければならない」。「苦難「模範の養成にあたっては事実にもとづいて真理を追究する態度をとらなければならない」。「苦難想起大会の開催は、階級苦と民族苦の両方を持った模範の養成がしっかりと終わったあと、そして戦士たちのすべての基礎ができあがってからおこなう」

苦難を思いだすことはひとつの厳粛な場であり、幹部、戦士たちの気持ちが沈痛になっているときなのだから、会場における規律の維持に努め、環境を整え、雰囲気に適切な注意を払い、その日の部隊の給食をよいものにしなければならない。そして、大会でだれもが身の引き締まる思いをしたあとには、苦難想起大会にでた模範の苦難の想起と小さな会における皆の苦難の想起を結びつけるようにせよと命じ、「苦難を思いだしたら、そのあとは幹部と戦士に苦難を勘定する方向に指導し、労働人民はどのような苦難を受けたのかをはっきりさせる。苦難の勘定をすることを教えなければならない」と説いた。

苦難を勘定する場合には「帳簿は三冊になる、経済的搾取の帳簿、政治的圧迫の帳簿、帝国主義の侵略の帳簿に分けられる」。苦難を勘定するには、それぞれの戦士の故郷の町や村、よりひろい地域、全中国、全世界にまでひろげなければならない。このように苦難を勘定することによって、戦士に「貧乏人の苦難は言い表せない」「世界の貧乏人は皆、友である」「世界の反動派はすべて人民の敵である」といった道理を理解させ、個人の恨みと全階級、全民族、全世界労働人民の恨みをしっかりひとつに結び合わせなければならないと教示した。

「苦難を勘定することは、苦難を想起することとひとつに結びついており、苦難を勘定するためには、苦難をさらけ出し、苦難を語り、苦難を徹底的に話すことが必要である」

そしてつぎのように説いた。

「苦難を思い、苦難を訴えるときに、民族苦についての思い、訴えが十分でないときには、補足するようにしなければいけない」。アメリカ帝国主義の侵略の実態を明らかにするためには、毛沢東主席の「幻想を捨てて、闘争を準備せよ」「さらば、スチュアートよ(5)」「友好か、侵略か」といった文章、さらに『解放軍報』で発表されたアメリカ帝国主義の中国侵略史を学習させなければならないと教示した。

「『苦難を思いだすこと』『苦難を勘定すること』が終わったら、つぎには幹部、戦士をして、苦難の根源を探らせ、苦難はどこから来たのかを討論させ、幹部と戦士に階級的搾取と階級的圧迫がなんであるかを認識させ、階級分析の方法を教えなければならない」。さらに具体的に国内の階級の敵の搾取と圧迫を理解させ、つづいては国際帝国主義の侵略、これらが苦難の根源であることを理解させなければならないと説いた。

「幹部と戦士に理解させることは、貧乏人が貧乏である所以《ゆえん》は、地主と資本家の搾取があり、生産手段の私有があったからだと教え、さらに一歩進んで経済的搾取制度はなんによって支えられているかという問題を討論させなければならない」

さらに兵士たちに教えたことは、経済的搾取は国民党、蒋介石の反動政権がやってきたことだと説き、蒋介石反動政権、反動軍隊を支えてきたのは帝国主義、アメリカ帝国主義だということだった。

そして「兵士たちにアメリカ帝国主義は現在の世界における一切の反動派の頭目であることをはっきり知らせ、大衆に国内の階級の敵と国際的な階級の敵、そして国内の階級闘争と国際階級闘争を統一させて認識させ、帝国主義にたいする恨みを爆発させなければならないと教えなければならない」と説いた。

そして「苦難の根源を探し当てた」あとには、「国内の階級の敵は決して完全に消滅していない」「かれらはなお必死の抵抗を試みている、機会を狙っては破壊をおこなっており、国際上では、帝国主義、とりわけアメリカ帝国主義は戦略を積極化し、わが国を敵視し、わが国の領土、台湾を占領している」ことを教え、「世界の大多数の労働者人民はなおも苦難を受けつつあるのだ」と教えなければならないと説いた。

さて、政治思想工作はつぎの段階、「過去と比較して、現在の幸福を知る」段階に移る。すなわち「苦しみを思い、幸福を語る」ことだ。

「この段階の目的は、過去と比較して現在の幸福を知り、それを勘定し、幸福の根源を求めること」にあり、「過去の苦しみと対比して、今日の良さを考えさせる。また今日の幸福な生活についてて心おきなく語らせ、自分自身の幸福、見たり聞いたりした幸福、故郷の幸福、全国にひろがる幸福についておおいに話す。政治、経済、文化の各方面から、解放十一年の祖国の変貌を見つめるようにしなければいけない」と教示した。

新旧社会を比較して、政治的権利、経済生活、文化生活を比較する。そして現在の幸福に思いをいたすことによって、よりいっそう新社会を愛し、旧社会を憎み、幸福な社会のなかにあって幸福であることを知らない、根本を忘れた思想を除去するように大衆を啓発しなければならないと説いた。

いよいよいちばん大事なことだった。

よくなった根本を探ること、すなわち「過去と現在を比べ、現在の幸福を思い」、人びとによくなった原因はなにかと問い、それはいわずとしれて、「党と毛沢東主席が全国の人民を指導して、地主と資本家、蔣介石反動政府、帝国主義の三つの大敵を打ち倒し、民主革命の勝利を勝ち取ったこと」にあると教え、そして「党の指導による社会主義革命の勝利、社会主義路線の前進、すなわち、個人農から合作化へ、合作化から人民公社への正しい路線を歩んでいること」を教示した。「社会主義建設の偉大な成果と総路線と大躍進と人民公社、三面紅旗の優越性、全国人民の帝国主義にたいする闘争の勝利」を教え、つづいて共産党の革命闘争史、「苦難奮闘の光栄ある伝統」を説明し、革命闘争期における流血の犠牲を語って、大衆の幸福な生活は共産党の革命犠牲者たちと労働人民の血の犠牲によるものだと説いたのである。

そして総政治部は、毛沢東の政治思想工作の眼目を守った。つまりわずかな敵を残しておくことを忘れなかった。

総括報告は、運動を開始する前には、「五パーセント前後の者は三面紅旗にたいして比較的激しい抵抗意識を持っていた。かれらのなかには反動的言論をまき散らす者もいた」と記した。そして報告は最後に「多くの戦士は三面紅旗にたいして格別の親しさを感じとるようになった」のだと述べながらも、「三面紅旗にたいして依然として懐疑心を抱いているのは富裕な農家出身の戦士なのだ」と言うことを忘れなかった。いまなお三面紅旗に反対するのは、ごく少数の「階級の敵」なのだと教えたのである。

これが「両憶三査」教育運動の「両憶」の運動だった。「三査」の運動のほうはごく普通の教育だから、ここで述べる必要はないだろう。

「雷鋒同志に学ぼう」（一九六三年三月五日　毛沢東）

党中央軍事委員会総政治部がまとめた「両憶三査」教育運動についての総括報告は見てきたとおりだ。一九六一年三月二十二日の長い報告のなかに、毛沢東主席以外の個人名がたったひとつでてくる。その報告のなかで取り上げられた瀋陽《しんよう》軍区独立四団のひとりの兵士の名前である。雷鋒《らいほう》といった。

「両憶三査」教育運動のもっとも大切な儀式は苦難想起大会だとはいま述べたばかりだが、独立四団の大会で模範として登壇した兵士が雷鋒だった。最高の模範と称賛されて、ほかの大会にも招かれ、「両憶」を語ったことが何回かあった。ところが、一九六二年にかれは公務中に自動車事故で殉職した。

一九六一年初めからの「両憶三査」教育運動は、六三年二月に「解放軍政治工作条例」にまとめあげられ、公布された。その条例文書の表題に毛沢東が筆をふるった。

「雷鋒同志に学ぼう　毛沢東　一九六三年三月五日」

それからさらに二年あと、一九六五年四月のことか、K・S・カロルというフランスのジャーナリストが中国を訪問した。以下はカロルのルポルタージュからの引用である。(6)

広州《こうしゅう》に着いたカロルは壁という壁に貼られた巨大な肖像を見た。笑みを浮かべた若い兵士で、腕に本を抱えていた。

カロルは通訳に何者かと尋ねた。

「中国の若者のアイドル、雷鋒です」

「こういう名誉に値するどんなことをやったのですか」

「これはといった特別なことはやりません。正しい政治思想をもっていたので、人を助けたのです」

カロルはそれ以上聞かなかった。一週間あと、かれは北京で会った人たちに休みにはなにをするのかと尋ねた。ほとんどの者が前の日曜日に「雷鋒の映画を見た」と答えた。北京の町の壁という壁にも、雷鋒の像が掲げられていた。

カロルはその素晴らしい人物にインタビューしようと思った。ところが、雷鋒は自動車事故で死んだのだと通訳は言った。かれは通訳から雷鋒の映画を見るように勧められた。その夜、カロルは映画館に行った。

映画がはじまった。最初の場面で、兵士の雷鋒は少年先鋒隊の子供たちと一緒にいる。ひとりの子供が兵士の手にある三つの傷を見て、どの戦争で怪我をしたのかと尋ねる。

雷鋒の顔が曇り、体の動きがとまる。

烈しい風のなか、雪に埋まった一軒のあばら家が浮かび上がる。貧農の住む小屋だ。ボロをまとった、裸足の少年がいる。ナレーターが説明する。雷鋒の一家は湖南長沙に住んでいた。父親は日本軍の運搬夫となる。殴られたのが原因で、病気になる。かれが五つのときに父親は死ぬ。かれの兄は十歳のときから工場で働いていたが、結核に罹った。資本家は工場から追いだし、ほかの工場の見習工となったが、病気がひどくなり、兄も死ぬ。雷鋒が六つのときだった。下の弟はチフスに罹り、死ぬ。そして母親は地主の息子に暴行され、自殺してしまう。

——すでに客席ではすすり泣きの声があがる。

少年雷鋒は枯れ木を集めに小屋をでる。怖い顔の女に捕まる。地主の妻だ。彼女は少年を広大な屋敷のなかに連れてくる。夫の地主がでてくる。絹の長衣を着て、パイプをくわえ、悪意のあふれた顔だ。女が小さな薪泥棒の手を切ったらどうかと言う。男がうなずく。孤児の小さな手に鉈が三回振り下ろされる。

——ナレーターの声は高まり、客席は恐怖で震える。

話は成人した雷鋒に戻る。かれの周りの少年たちは赤いネッカチーフで涙をふく。「私は手を見るたびに、階級の敵にたいする恨みがよみがえってくる」と雷鋒が言う。

だが、階級の敵は解放軍に敗れ、雷鋒は新政府に引き取られ、面倒をみてもらい、住居と食料を与えられ、着るものをもらう。

やがて雷鋒は学校に行き、自動車の運転を覚え、一九六〇年に入営し、瀋陽軍区独立四団の自動車兵となった。かれは日記につぎのように書く。「私は先輩の革命家の血と生命の代償によって救われた。偉大な共産党と毛沢東主席が救ってくれたのだ。私は生命を共産主義の大義に捧げることを決めた」

一九六一年に入ってのことであろう。ある日、国民党の破壊活動グループが沿岸地方に潜入したとラジオで聞く。かれは政治委員のところに駆けつけ、国民党との戦いにだしてくれと志願する。政治委員はかれに「蔣介石が派遣した悪党どもを一掃するに十分な軍隊はあるのだ」と説明し、「今日、党にとってなによりも重要なのは、社会主義建設の平和の戦線である」と教える。

雷鋒は政治委員からもらった『毛沢東選集』四巻を持ち帰る(7)(K・S・カロルが最初は広州で、つぎに北京で、そのあと各地で見た大きな肖像の雷鋒が手に抱えていた書籍がこの選集四巻である)。

雷鋒はそれを読んで、兵士としての自分の義務を理解した。兵士は一般大衆を助けなければならない。自分個人の安楽や利益、栄誉を考えずに、集団のために生きなければならない。かれは自らがおこなった奉仕にたいするあらゆる報酬、感謝を拒まなければならない。

雷鋒は正しい政治思想を身につけ、善行に明け暮れするようになる。かれのトラックは隊でいちばんよく手入れされている。運転は神業だ。豪雨のなかで難渋している農婦の子を運んでやる。工事現場のそばを通るときには、必ず手伝う。給料の全額を洪水の被害者に送る。兵営内で威張ったり、説教をしたりすることはない。怠け者が眠っているときには、かれが代わりにその仕事をする。そして怠け者の良心をめざめさせる。

遊びに明け暮れしている男はかれのおかげで正しい政治思想を持つようになる。雨の日に子供や荷物を運んでやり、盲人が道を渡るのを助ける。こうしてかつての怠け者は雷鋒の死に際して、形見に『毛沢東選集』四巻をもらうに値する人間になる。

――観衆はすすり泣きながら席を立った。

農村では、人民公社創設から破綻までのあいだ、餓死者もでれば、逃亡者もでるという混乱のなかで、公社の幹部たちの士気が低下し、財産、在庫の管理はでたらめになり、労働点数の付け方は勝手気儘《きまま》、暴力をふるうのは当たり前のことになり、汚職、腐敗が蔓延《まんえん》してしまったことは前に触れた。取り組まなければならないのは組織の整頓だと、劉少奇《りゅうしょうき》とほかの党幹部は考え、整理をはじめた。毛沢東はそのような運動が気に入らなかった。農村内で汚職摘発をつづければ、毛沢東がなによりも大事にしてきた、「地主」が悪く「貧農」が正しいと定めた階級区分を壊してしまうことになるのが面白くなかったのか、そもそも劉少奇に農村工作の主導権をとられたのが不愉快だったのか、その理由はわからない。

となれば、林彪の方法がいちばんだった。一九六一年に軍内部に導入された政治思想工作の運動は、それから四年あと、雷鋒の映画が上映されるまでに、全中国の都市と農村で展開された。

一九六五年に中国に四カ月とどまったK・S・カロルの著作をもう少し見よう。

カロルは人民公社に連れて行かれた。だれとでも自由に話していいと言われていたにもかかわらず、有無を言わさずに会わされたのは六十七歳の老人だった。その老人は昔と比べての自分の現在の幸福を話した。またべつの町では、これも人民公社の老婆の話を聞かされた。彼女は苦しい子供の時代を話しだし、途中ですすり泣きをはじめた。そして彼女は現在の彼女の富を数えあげた。

カロルはまた、テレビで、ラジオで、工場で、学校で、何百人もの人たちが人民公社でかれが聞かされたのと同じような話をしていることを知った。

カロルは書いた。

「私が訪れたあらゆる公社で、冷酷な地主、搾取される農民、川に捨てられた、あるいは売られ、あるいは寒さや飢えで死んだ子供ばかりが出てくる話を聞かされた。また、どこへ行っても、旧体制の残虐行為の写真が展示されていて、こういう物語を図解している……これらの物語は、過去への復帰が望ましいことでもなければ、可能なことでもなく、現在のどんな困難でも、昔の苦しみに比べればとるに足らぬことを思い出させる」

カロルは注意深かった。ソ連市民としてドン川の下流にある都市、ロストフで育ったかれは、ごくたまに外国の「ブルジョア人士」がその町を訪問したとき、町をあげてどのような見せかけ、誤魔化しをするのかをよく知っていた。かれは中国を訪問して、騙されているのではないかといつも考えていたのだが、かれが知らないことはいくつもあった。

雷鋒が軍内で見つけだされ、模範として育てられ、苦難想起大会の最高の模範であったことをカロルが知るはずもなかった。そのやり方を真似、人民公社や工場で模範が養成され、苦難想起大会に登場した模範のなかでももっとも優れた模範となった二人の老人が、カロルに向かって、何十回目かのお得意の話をしたのだということも、想像できないことだった。

カロルは苦難想起大会のトップ模範たちの「階級苦」の話に深く揺り動かされた。カロルは「過去の苦しみを知らない」中国軍の兵士と同じだった。カロルは書いた。「彼女やその他の人びとの一昔前の時代の身の毛もよだつおそろしさを、私は本当に知っていなかった。それを聞いたあとでさえも、かれらの地獄のようだった毎日の生活をまざまざと思い浮かべることがなかなかできなかった」

そしてカロルは中国の党は「旧体制の残りかすとたたかっている」のだと思った。しかし、「残りかす」を相手にどうしてそんな懸命な取り組みをしなければならないのか、かれは不思議なことだと思ったはずだが、それ以上は考えようとしなかった。

かれは人民公社が困難にぶつかったことは公式文書にもでていることだから、承知していた。かれは訪ねた人民公社内につくったという工場はどうなったのかと意地悪く問いただそうとした。なんの答えもなく、ちょっとした気まずい空気が流れて終わったのだが、かれが思いもよらなかったことは、わずか四年前、五年前に、安徽省《あんき》で、河南省《かなん》で、青海省《せいかい》で、遼寧省《りょうねい》で、四川省で、すなわち中国全土で、死んだ子供を食べねばならないような恐ろしい飢饉が起きていたという事実だった。

一九六〇年に五カ月にわたって中国各地を回ったエドガー・スノーが「町に物乞いひとりいなかった」と書き、一九五九年あるいは一九六一年に中国を訪れ、飢饉などかけらもない、飢饉はあったにせよ、軽く乗り切ったと記したアメリカやヨーロッパの記者が何人もいたのだから、一九六五年にカロルがなにも気づかなかったとしても、それは当然だった。

カロルは、最高の模範の雷鋒や、これまた見事な語部《かたりべ》たちを軍の総政治部や党が養成して、どうして一時代前の「階級苦」を語らせなければならないのか、そのほんとうの理由がついにわからなかった。このようなことを全中国で二年、三年とつづけなければならないのは、失墜した毛沢東と党の権威を回復するために是が非でも必要なのだということが、かれには想像できなかったのである。

もちろん、カロルだけではなかった。中国の外にいる人、中国を専門とする研究家の多くがなにもわかっていなかったのである。

繰り返すなら、毛沢東、そして党中央の幹部、地方の党書記たちまで、すべてはかれらの誤りが原因で、二千万人以上の人びとが餓死してしまったそのとき、かれらがおこなった政治思想工作とは、そうした大惨劇にはまったく触れることなく、それより十数年前、二十年前の「階級苦」と「民族苦」を、兵士たちから公社の農民、工場の従業員たちまでに思い起こさせ、語らせ、聞かせ、そして教え込むことだったのである。

【出典・注】

1 『新中国人』四六七頁
2 ジャスパー・ベッカー 川勝貴美訳『餓鬼』中央公論新社 一九九九年 三七一〜三七四頁
3 『工作通訊』第一期「汪東興同志の中央警衛団の思想状況に関する報告」
4 『工作通訊』第四期「当面の『両憶三査』教育運動における若干の注意すべき問題」
5 毛沢東の論文、「さらば、スチュアートよ」は一九四九年八月十八日に発表された。そのとき共産軍は福建省に攻め入り、浙江省沖の舟山列島を攻略し、内戦は最終段階に入っていた。南京、上海は六月末までに占領を終えていた。レイトン・スチュアートは第二次大戦終了後の中国駐在のアメリカ大使だった。かれはそのとき南京を引き払い、帰国しようとしていた。
アメリカは中国の和平のために努力をつづけた。国民政府の側に立ちはしたが、ついに武力介入をしなかった。そしてその外交努力の失敗を認めた。だが、毛沢東は水に落ちた犬を叩けとばかり、アメリカを激しく非難し、アメリカに期待をかけた中国人を嘲笑し、はっきりアメリカとの関係を絶つ構えをみせた。毛沢東の中国が新国家の成立を宣言するのはそれから二カ月足らずあとである。
6 K・S・カロル 内山敏訳『毛沢東の中国』読売新聞社 一九六七年
7 念のために言っておけば、『毛沢東選集』はそのとき四巻までしかでていなかった。第五巻は毛沢東の死の翌年、一九七七年に出版された。だが、その中身は建国直前から一九五七年にはじまった反右派闘争までを含み、上級幹部たちにとってみれば、毛沢東のお先棒を担いで、なんの咎《とが》もない弱い者苛めをしたことが明らかになる、その時代の毛沢東の演説が活字となることは迷惑至極、不快極まりなかった。だから、なぜ第五巻をだしたのかと評判はよくなかった。華国鋒が自分の地位を守ろうとして、第五巻をだし、さらに第六巻の刊行を急いでいるのだと言われた。華国鋒の失脚のあと、一九五七年以降を収めるはずの第六巻はでないままに終わった。一九九一年に刊行された四冊本の『毛沢東選集』は第一版の焼き直しであり、第五巻は外されている。

4 「真の権力」を握って

「もし、あなたたちが共産党について聞かせてくれた話が本当だとするなら、わたしには、それは彼らが真の権力をまだいちども経験していないからだとしか言いようがない」…………一九四四年秋　宋美齢

世界の共産主義体制の崩壊で、党がやろうとしたこと

これまでに述べたことを繰り返そう。一九八九年四月、北京天安門広場に学生たちが集まり、中国の民主化を要求し、その動きが全国的な規模になろうとしているのを横目に見ながら、鄧小平《とうしょうへい》は「われわれの政治思想工作が中途半端だった」と後悔の念を洩らした。そして北京のデモが百万人に達したときにも、かれが口にしたのは、政治思想工作が中途半端だったという無念の気持ちだっ

た。

かれが語った政治思想工作とはなんだったのか。

前に記したとおり、政治思想工作はそれまで数多くあった。とはいっても、鄧小平の頭に浮かんだのは、社会主義教育運動や反右派闘争のたぐいであったはずはない。

たしかにかれが四月二十五日に口にしたのは、精神汚染反対運動であった。それより六年前にはじめておこなわれ、スカートの丈の長さに目くじらをたて、パーマはいけないといった論議に明け暮れしたのが、精神汚染反対運動だった。かれは今度こそスカート丈を膝下五センチに徹底させようと考えていたのか。そんなはずはなかった。

かれはまたブルジョア自由化反対を四月二十五日に語り、最後までやり通さなかったと悔やんだ。だが、そんなことを真剣にやろうとかれが考えていたはずはなかった。なぜなのかはこのさきで説明する。

鄧の頭にあった政治思想工作は、崩壊寸前の党の威信とがたがたになった党の統治をもとに戻した「両憶三査《りょうおくさんさ》」運動だったはずである。それは「階級苦」と「民族苦」の「両憶」を兵士から子供たちまでにたたき込み、この二つの苦しみから全国民を救ったのは中国共産党だと教え込んだ。

だが、鄧小平は「両憶」のひとつ、「階級苦」のことを教えるつもりは毛頭なかった。一九六二年八月の北戴河《ほくたいが》会議で毛沢東は「われわれは一万年でも階級闘争をつづけなければならない」と託宣した。しかし、鄧は若者たちに「階級苦」を教える考えはなかった。毛沢東の説く階級闘争など、毛のもろもろの教えとともに、天安門事件が起きるより以前にとっくに捨て去ってしまっていた。

毛沢東のもろもろの教えと言ったが、毛が没して、いささかの歳月がたつから、毛の時代に、人びとはどんなことをしていたのか、そのあらかたを現在のわれわれは忘れてしまっている。

幸いなことに、毛沢東思想を信奉し、毛沢東路線を継承している村が中国にいまなおある。この村を見れば、中国からなくなってしまったもの、私たちが忘れてしまったことを思いださせてくれる。

この村は河南《かなん》省鄭州《ていしゅう》市の南百キロのところにある。南街《なんがい》という村だ。

この村を訪ねた人がまず驚くのは、広場にある巨大な毛沢東の白い石像だ。台座には「人民のために服務せよ」という毛沢東の字が刻まれている。中国全土にあれだけあった毛の像はあらかたが撤去されてしまったにもかかわらず、この村では、わざわざ一九九三年に新たに建造したのだ。

この村で結婚式がおこなわれれば、つぎのようになる。十組、二十組の男女が公会堂に集まる。かれらは『東方紅《とうほうこう》』を歌い、毛沢東の大きな肖像画に頭を下げる。村役場からの新婚夫婦への贈物は紅い小冊子、『毛語録』だ。

『毛語録』は村で発行する週刊新聞のトップを飾る。そして村では民兵も健在である。公会堂に近い一角では、百五十人ほどの十代の男女が軍事教練をしている。

この村の朝は、スピーカーからの『偉大なる舵取り、毛主席』の歌ではじまる。文革時代に流行《はや》った歌だ。共産党のスローガンをがなりたて、毎日の農作業の命令を伝えたお馴染みのスピーカーも、現在はあらかたの町や村から消えてしまった。

村の小学生が暗記させられるのは、これまた懐かしい『老三編』である。「ベチューンを記念する」「愚公　山を移す」「人民に奉仕する」の三つの文章であり、文革中には、子供も、大人も読まされ、日本でも、毛沢東の著作のうちの名作だと讃えられた。だが、いまになれば、この三編は毛沢東が書いたのではない、かれの政治秘書だった胡喬木《こきょうぼく》が書き、毛が手を入れたのは五カ所だけだと言われるようになっている(1)。

南街の村では、どこの家にも、毛沢東のこれらの著作が並べられ、かれの写真が飾られている。雷鋒《らいほう》のことを述べたばかりだが、永遠の若者、雷鋒の微笑もここでなら見ることができる。

さて、現在はどこの村でも、農業は各戸の請負い制だ。すべての耕地は各農家に分けてしまっている。ところが、南街にはいまも生産隊があり、麦の種まきも、刈り入れも協同でおこなう。南街にはいくつもの企業があるが、これも村が所有し、村の経営である。正確には党の所有、経営である。

南街の住民の私有財産は衣類と自転車、台所用品しか認められていない。画一の3LDKのアパートに住む。画一の家具、カーテン、テレビ、電話が供給されている。小学校の教育費と医療費は無料だ。結婚、葬式の費用も村の負担だ。小麦粉もただで配給される。水も、電気もただだ。ビールも、映画の切符も村から配られる。余暇には、文革時代の「革命模範劇」である『紅灯記《こうとうき》』や『白毛女《はくもうじょ》』を村内の演芸隊が上演する。

真面目に働かない者、自由気儘《きまま》に振る舞う者、私利を図った者には、これらの権利が与えられない。だれも一カ月に二百五十元以上を稼ぐことは許されないし、娘たちはアイシャドーをつけたり、髪を染めたりすることは許されない。

村民にたいしては、十点制の成績簿がある。その昔と同じだ。正しい政治思想を持っているかどうかの審査があり、生産のノルマを果たしているかどうかが勘案される。全員が集まっての反省会で、成績の悪い者は自己批判をさせられる。悪質な者は黄色いチョッキを着せられ、建設現場で働かされる。

道路にはごみが落ちていない。むろんのこと、夜総会《ナイトクラブ》やディスコ、カラオケ・バーはない。この村の支配者である党書記は、村には売春婦がいないし、ニワトリ一羽盗まれたことがないと胸を張る。毛沢東が南街村を視察し、党書記がつぎのように語るのを聞いたら、毛沢東は涙を流し、かれこそは「革命の後継者」だと言ったにちがいない。「私心がすべての悪の根源だ。私心の根源は私有制だ」「土地を分けたら、人の心はばらばらになる」と村の指導者は断言するのだ。

南街村の毛沢東思想の実践はここまでだが、南街村の話はまだ終わらない。南街村は周囲の村から羨ましがられる金持ち村なのだ。中国内陸部の農村といえば貧しさの同義語となっているが、南街村は貧しい河南省でトップの富裕村である。

村の人びとが集団制を守り、私を捨てて、公に尽くしての繁栄なら、文革中の「ヤラセ」の大塞《たいさい》村ではなく、これこそ、毛亡きあとのホンモノの大塞村であろう。

もちろん、麦作に頼るだけでは、河南第一の村になれるはずはない。この村の党書記は大層な企業家なのだ。最初にはじめたインスタントラーメン工場が当たりに当たり、全国に売れ、二十四時間三交代制で操業している。ビール、カラープリント、包装材料をつくる二十幾つもある村営工場もそれなりに利益をあげて、この村の繁栄につながっている。

そこで、どうやって儲けるのかを知ろうとする中国全土の町や村の幹部が、遠距離バスでやってきて、迎賓館に泊まり、村内を見て歩く。

日本の記者も南街村訪問を許可され、この村へ行った。記者たちは、私がいままでに記したようなことを紹介する記事を書いた。だが、かれらがわずかに触れるだけで、書こうとしなかった肝心なことがあった。この毛思想実践の村を実際に支えてきたのは、村営工場に働きにきている周辺の貧しい農村の人たちだということだ。一万五千人以上の若い女性が働きにくる。大変な人数だ。南街の住民は大人も子供も合わせて三千人しかいない。

冬のさなか、まだ暗いうちに二時間以上もかけて自転車を走らせ、南街村の工場に働きにくる若い女性たち、夏の日盛りに自転車で家に帰る娘たちは南街村に住みたいと願う。ところが、南街村はかれらを村内に住まわせるための寄宿舎をつくろうとしない。

彼女たちに居住権を与えるかどうかは、六年間の労働契約を履行したあと、道徳的清潔さと社会主義の原則への献身ぶりを精査してからということになっている。

この村の外から働きにくる娘たちは、南街村の男と結婚しないかぎり、南街に住むことはできない。よその村から働きにきている青年が南街村の娘と仲良くなり、結婚したらどうなるか。女性は自動的に南街村の居住権を失う。

これですべては明らかであろう。

南街村の村民が古臭い公有制に反対せず、見飽きた革命模範劇に不平を言わず、生産隊を維持し、道徳的清潔さ、正しい政治思想を守り、毛沢東思想実践のテーマパークを支え、村の独裁者の言うことに従ってきたのは、南街村の周りの村々の住民の生活より数段上の毎日を送ることができるからなのである。南街村の周りの村々の貧しい娘たちを低賃金で働かせ、村民が受け取るサービスを与えないようにしてきたからであるのは言うまでもない。

南街村のことをあれこれ説明したが、中国では南街村と同じことをやっている工場は現在、少しも珍しくない。深圳《しんせん》や東莞《とうかん》のある珠江《しゅこう》デルタをはじめとする沿海地域には、数多くの女子工員が働く繊維工場、製靴工場、玩具工場がいくつもある。これらの工場では南街村と同じことをやっている。ただし、違いはある。工場には寮施設が完備していることだ。工場は内陸地帯から働きにきた若い女性を使っている。妊娠や結婚を禁止している工場が多い。シンガポールで家事労働者として働くフィリピンの若い女性と同じだ。そして多くの工場の労働契約は三年だ。農業戸籍から非農業戸籍への変更は許されないことを利用して、三年の居住許可が終わったところで、お払い箱にする。給料を上げなくてすむからだ。そのあとは、また内陸の若い娘が「暫定居留証」をもらって働くことになる。

だいぶ脇道にそれてしまったが、鄧小平とかれの党が捨ててしまったものの話に戻ろう。党の長老、将軍から、中央政治局、中央委員会のメンバーたちにとって、捨て去るのにさほどの抵抗感がなかったのは、南街村にいまなお残っている生産隊だった。そしてもうひとつ、南街村ではまだ村の党書記の常套句なのかもしれない「階級闘争」である。

生産隊からみよう。

一九五四年までに土地改革が終わって数年がたたないうちに、毛沢東は農民を合作社に追い込んだ。多くの党幹部は不承不承だったが、毛は急げ急げとせき立てた。村の幹部はつぎのように村民を脅した。「蔣介石《しょうかいせき》の側につきたい者、かれに従って個人経営をやりたい者はあちら側に立て。毛沢東主席に従って協同化をやろうとする者はこちら側に立つのだ」

それから初級合作社を高級合作社に変え、つづいて人民公社までにするのが、これまた二年、三年のあいだだった。

毛沢東の少数の部下、それこそメディア戦略家と呼んでいいような人たちを除いて、農村の下層幹部との接触がある地方指導者のだれもが毛沢東の盲進に反対だった。だが、毛の前でのかれらの自己否定は完璧だった。人民公社が恐ろしいばかりの大惨禍に終わって、党の幹部はだれもが農民、農業を合作化の前に戻したいと願った。だが、それはできなかった。前に見たとおり、農民にわずかな自留地を与えたにとどまった。

ところが、毛沢東のほうはといえば、部下たちが合作化、大型化に消極的な態度をとりつづけたことに腹を立て、ちょっと躓《つまず》いただけで、待ってましたとばかり退却しようとしたことを許さなかった。こうして文化大革命となり、多くの党幹部が追放され、かれらの家族までが痛めつけられることになった。

毛沢東の死のあと、党の幹部たちはすぐさま人民公社、生産隊の廃止に踏みきれなかった。毛の亡霊から「資本主義の復活だ」と叱責され、「地主、富農、反動分子の一味」だと非難され、追放されるのを恐れているかのようであった。毛の死後、江青《こうせい》や張春橋《ちょうしゅんきょう》、王洪文《おうこうぶん》といった毛派の急進勢力を追放してしまったものの、まだまだ毛派は強かったのである。

毛が没して二年あと、鄧小平が完全に権力を握った。文革中に追放、迫害された党幹部たちの名誉回復がおこなわれ、さらに一九五七年からのさまざまな闘争で、反革命分子、右派分子と断罪された者たちが名誉を回復した。状況が大きく変わるなかで、毛沢東の呪縛は緩み、世帯ごとの生産の「請負」はいつか当たり前のことになった。

前に述べたとおり、もうひとつ、綺麗さっぱり捨ててしまったのが階級闘争だった。毛沢東の死のあと、鄧小平、かれの同僚、部下たちのだれもが階級闘争をやるつもりはまったくなかった。かれらは文革中に階級闘争なるものの荒唐無稽さとその恐ろしさをわが身で体験したからである。

たとえば周揚《しゅうよう》を思いだしてみよう。

周揚は建国直後の党の最高級の文化官僚だった。党中央宣伝部の副部長をつづけ、部長より大きな力を持ち、国務院文化部の主要ポストも握り、さまざまな関連機関のボスでもあった。一九五〇年代の昔になるが、日本の文筆家たち、井上靖、中野重治、堀田善衛、本多秋五といった人びとは中国を訪問して、かれに必ず会わねばならず、かれが中国のすべての文筆家に睨みをきかし、メディアを管理・指導する、まことに恐ろしい検察官であることをぼんやりとは承知しながら、そのことにはまったく触れることなく、かれと談話を交わし、ほとんど講話といってよいものを拝聴させられたのだった。

ところが、文革がはじまって、一九六六年七月、突如として登場した自分よりはるかに偉いメディア戦略家に容赦のない攻撃を浴びせられ、周揚は「二十四年にわたって、一貫して毛沢東同志の文学、芸術路線の実行をこばみ、ブルジョアジーと修正主義の文学、芸術を擁護する反党分子を庇護してきた(2)」と断罪され、そのあとも大衆集会といった糾弾の場に引きずり出され、ひどい目、哀れな目にあったのだった。

かれはそんな目にあってはじめて、身を守るすべのない、か弱い立場の作家たちを自分がどれほど居丈高に苛《いじ》めてきたのかを思い知ったことであろうし、毛沢東の死後ともなれば、階級闘争はやめにしなければならないと心の底から思ったはずであった。

党首脳たちが階級闘争を捨ててしまった理由はもうひとつあった。

党の幹部たちは以前のように妻を主任として公的活動をさせたり、息子や娘たちを特別の小学校、中学に入れ、大学をでれば上級ポストに坐らせるといった特権の行使に満足するだけでなく、「真の権力」を握り、本物の金持ちとなってしまって、階級闘争を口にするのは、いささか良心が咎《とが》めるようになったからである。

「真の権力」の話をしておこう。

これは、その昔に宋美齢《そうびれい》が語った言葉である。宋美齢とは言うまでもなく、『宋家の三姉妹』のひとりのことだ。「宋王朝」や「宋慶齢《けいれい》」の伝記が出版され、映画がつくられ、久しぶりに中国近代史を飾る三人のヒロインが話題となったのは一九九〇年代のはじめのことだった。

宋美齢は『宋家の三姉妹』のひとり、蔣介石の未亡人である。長女の靄齢《あいれい》は蔣介石の国民政府を支えた孔祥熙《こうしょうき》の妻だった。国家財産を盛大に私したことで知られる。次女の慶齢は孫文と結婚し、のちには中国共産党政府の飾り物の位置に据えおかれた。彼女は共産党員ではなかったが、死の間際に入党を申請し、中共中央政治局がわざわざこれを認可したのだと公表された。彼女がほんとうに望んだことだったのかどうかはわからない。二週間足らずあとに彼女は亡くなった。一九八一年のことだった。そして三女の美齢は二〇〇三年十月にニューヨークで没した。百四歳とも、百六歳とも言われた。

余計な話を加えておこう。宋美齢が政治活動をおこなった最後は、台湾の総統、彼女の義理の息子の蔣経国《しょうけいこく》が死去した一九八八年一月のことだった。副総統の李登輝《りとうき》が総統に昇格した。彼女は台湾人の李がさらに国民党主席代行になるのを嫌って、直筆の手紙を国民党中央常務委員たちに送り、党幹部の集団指導体制とすることを求めた。だが、彼女の意見は通らなかった。あとになって、蔣父子の部下たちは宋女史の勧告に従うべきだったと後悔した。彼女の言うとおりにしていたら、台湾の台湾化を阻むことができたのだと思ったのである。台湾の国民党はもはや宋美齢からの激励を期待できない。二〇〇三年一月に国民党が「党の精神的支柱」と讃えたのは蔣経国の未亡人、ロシア生まれの蔣ファイナだった。彼女はそのとき八十七歳だった。

「真の権力」のことに戻る。

半世紀以上も昔のことになる。一九四四年の秋、第二次大戦中のことだ。宋美齢は四十七歳だった。そのとき彼女は夫とともに重慶《じゅうけい》市黄山《こうざん》の主席官邸にいた。

彼女の夫がアメリカ人の記者たちに延安《えんあん》行きを初めて許したあとのことだった。重慶に戻ってきたアメリカ人たちは、延安の共産党幹部の清廉さを褒め、共産軍兵士の規律のよさを称賛し、重慶政府支配地域との違いの大きさを熱っぽく語った。

宋美齢はそうした話をまるっきり信じなかった。それでも直接に話を聞いてみようと思いたち、彼女はアメリカ人の記者たちをお茶に招いた。かれらは中共党の指導者の誠実さ、理想主義、清潔さを褒めちぎった。よもやという話ばかりだったから、彼女は大きなショックを受けた。そんなことは信じられないと言い捨て、気を落ちつけようとベランダにでた。部屋に戻ってくるなり、彼女は言った。

「もし、あなたたちが共産党について聞かせてくれた話が本当だとするなら、わたしには、それは彼らが真の権力をまだいちども経験していないからだとしか言いようがない」

このエピソードを紹介したのは、アメリカ人の歴史家、バーバラ・タックマンである。「宋美齢はその生涯でもっとも悲しい言葉を吐いた」とタックマンは記した。

タックマンは多くの著書をだした。第一次大戦のはじまりの歴史を描いた『八月の砲声』があり、第二次大戦中にビルマで戦い、中国で指揮をとったアメリカの将軍、スティルウェルの伝記がある。

さて、タックマンが宋美齢の「もっとも悲しい言葉」と記したのは、文革のさなかの一九七〇年のことだった。だが、一九八〇年か、一九八五年には、彼女は自分の書いたことが誤りだったと気づいたにちがいない。歴史家の私はつぎのように綴るべきだったとタックマンは悔やむことになったはずだ。

「それは宋美齢の生涯のうちでもっとも人の肺腑《はいふ》を抉る言葉だった。中共党の幹部が清廉潔白だというのが本当なら、かれらは真の権力をいまだに経験していないからだと彼女はこともなげに言い切ったのである」

宋美齢の言葉どおりになるには少々時間がかかった。だが、まちがいなく中共党の主だった連中、党元老、元帥、中央機関の党幹部、地方各省クラスの党書記たちは「真の権力」を握ることになった。だからこそ、一九八九年四月、五月には天安門広場をはじめ、各地の大学で、専制への反対だけでなく、「腐敗政府打倒」「汚職と官僚ブローカー反対」の声が一斉に上がったのである。

四十数年前、まさに同じスローガンを書いたビラを北京の町に貼り回していた学生活動家の党員たちがいた。そんなひとりが四十数年あとには北京市長となって、収集した学生たちの情報を、鄧小平の私邸に集まった党の最高幹部たちに報告していたのである。

中共党の幹部たちが「真の権力」を握ることができたのは、どうしてなのかも説明しておこう。

集団農場すなわち人民公社の廃止は、かれらの胸中に抵抗がなかったと前に記した。だが、農業経営以外のことを変えようとすれば、元老から中央委員たちの胸中にあるわだかまりと咎めは大きかった。毛沢東のいっときの思いつきの人民公社を解体するのとはわけがちがった。だれもが「社会主義の建設」をやってきたのだという誇りがあった。私営経済、市場経済を認めることは、マルクス主義者、革命家としてのかれらの半生を否定するのも同じだった。

新しい実力者の鄧小平が「改革・開放」のスローガンを掲げ、私営経済を認めると説いたことは、「資本主義の復活」だ、「ブルジョア自由化」だと思った。それは「社会主義集団経済」を転覆するものだと怒る者もいた。工場長にすべてを任せることなど、とんでもないことだった。党の支配を覆すつもりかと非難の声がでた。外資導入などは許さない、中国は自力更生《じりきこうせい》でいくのだと説く者がいた。外国資本を認めるのは「特区」内だけのことだと弁解すれば、われら社会主義の中国に租界を復活させるのかと怒号があがった。「中国の社会主義事業は存亡の瀬戸際にある」と批判されれば、だれもが反論できなかった。

鄧小平は胡耀邦《こようほう》を前面に押し立てるだけではすまなかった。鄧はどのように対応したのか。

河南省の南街村の党書記は、パソコン完備の見事な小学校や集中管理の冷暖房設備のあるアパートと引き換えに、村の人びとに毛沢東思想を遵守させるのに成功した。鄧小平は逆のことをした。市場経済に移行するなかで、そして経済発展がつづくなかで、工場、オフィスビル、商業施設の建設を望み、土地を欲しがる私企業や外国企業を相手にする地方党書記は、それこそ誘惑との争いの日々を過ごすことになった。すべてを没収し、公有地としてしまった土地は、事実上、党書記の占有地と変わらないことになってしまっていたからである。

国営企業を株式化することになれば、かつては党書記の権力の後ろ楯となっていた資産が金の卵を生む鶏となった。

鄧は、かれらとその親族が十分に欲望を満たし、私腹を肥やすことに目をつぶり、それと引き換えに、マルクス・レーニン主義と毛沢東思想を捨てさせたのである。

同じ立場にあった一九九〇年代にロシアの大統領だったボリス・エリツィンがやったことと同じだった。エリツィンのもとで最後の首相を務めたエヴゲニー・M・プリマコフは大統領がロシアの地方指導者たちのご機嫌をとり、「好きなだけ力を使ってかまわない。好きなだけ自由にやってかまわない」と言ったのだと説明したのである。(3)

鄧小平は、地方の実権を握る各省、市、自治区の第一書記に「真の権力」を与えた。こうして鄧小平は地方の党政幹部、軍の中央と地方の幹部、国務院の幹部、要するに中央委員の絶対多数をいとも容易に心服させてしまった。その結果、イデオロギーを振り回し、鄧のやり方を資本主義の復活だと非難し、党の堕落を批判する人びとは下部に隊列を持つことができなくなった。

マスメディアを握ることなく、党中央宣伝部の検閲部門を握っていない一匹狼のイデオローグの世迷い言はまったく怖くはなかった。だが、面倒だったのは、一九八〇年代には党の長老たちがまだ残っていることだった。かれらが鄧に権力闘争を仕掛けた。これら最古参の幹部たちはいずれも恩顧を施した部下たちを持ち、「真の権力」を握ったかれらから見返りを得ていた。だが、党の長老たちは根っからの保守派であり、変化には消極的、つねに懐疑的であり、ときにかれらはイデオローグの側に立ち、執行部を攻撃し、鄧小平の行く手を阻もうとした。このさき語る機会があろうが、鄧の後継者の胡耀邦はこれによって葬られた。

長い話をしてきた。繰り返すなら、「真の権力」を手にしてしまった党幹部たちは階級闘争をすることはできなくなってしまったこと、もちろん、する気はまったくなかったということである。そして鄧小平が、学生たちの党にたいする批判と非難をどのように抑え、かれらをして二度とそういうことを言わせないようにするにはどうしたらよいかと考えたすえに、使おうと考えたのは、「階級苦」ではなく、利用するのはただひとつ、「民族苦」だった。

「われわれの政治思想工作が中途半端だった」と言ったとき、かれが考えたのはこのことだった。だが、実際には「中途半端」どころではなかった。「民族苦」教育の恐ろしいほどの成果を知れば、われわれ外国人は声を呑むことになる。絶句したひとりに大崎雄二がいる。

NHKの北京特派員だった大崎雄二は、一九八九年六月四日未明の弾圧を経験した。国家安全部と公安部の正門にほど近い長安路の街路樹の下の地面に伏せ、銃弾が頭の上を飛ぶのを感じた。「銃砲は『あちら側』にしかない。『こちら側』にいる者たちは猟場に追い詰められた兎のように逃げまどいながら一方的に撃たれ、『処刑』されていくだけだった」

大崎雄二にとって、むろんのこと、一生に一度となるであろう体験だった。かれはまた、胃に異物が入っているような体験をべつにした。

それより二十日足らず前の五月十六日、ミハイル・ゴルバチョフを北京に迎えた日の北京大学の様子を大崎はつぎのように記した。

「北京にゴルバチョフを迎えた日、北京大学には『外蒙古の独立を取り消し、中国の失地を取り返せ。中ソの国境の現状を認める文書に署名してはならず、ソビエト占領地についての権利を留保せよ』、『愛琿《あいぐん》条約、天津条約、北京条約は全て不当なものである。神聖な領土を取り戻すために奮闘せよ』と学生たちに檄を飛ばす壁新聞が貼りだされた。同時に中国人が潜在的に一番嫌いな国、日本も槍玉にあげられた。『日本は今や経済的な手段でアジアを侵略しようとしている。今に、山東半島は二億ドルで日本に買い取られてしまうぞ』

まさに義和団や五・四の再来を思わせる内容だ。『民主化』運動の中にも、そうした芽が存在していたのである(4)」

第九章で述べることになるが、胡耀邦が失脚する前から愛国主義教育がはじまり、高校生、大学生は阿片戦争以来の列強諸国に侵食された中国近代史を教え込まれるようになっていた。大時代な、倒錯的と言っていいような猜疑心と過激な排外感情が若者たちの胸中にいつでも燃え上がる状態で存在していたということである。

前に記したことを繰り返すなら、天安門事件のすぐあと、ニコラス・クリストフが逃走している民主活動家と密かに会ったとき、その活動家は、経済状況を悪化させるために日本のビジネスマンを殺すと語った。そして、中国で経済活動をしている日本人を毎月二人ずつ殺すといった文面の脅迫状を日本航空の北京支店にだした若者もいたのである。

党が学校でおこなうように命じていた政治思想工作は決して「中途半端」なものではなかった。だが、それでも鄧小平は小学生から大学生までに教える「民族苦」の教育が「中途半端」だったと慨嘆したのである。

「高度な愛国主義行為で、社会主義にたいする貢献である」（一九九二年一月二十七日　鄧小平）

ところが、天安門事件のあと、「真の権力」を握ってしまっていたはずの党の幹部たちが「階級苦」に戻った。「われわれがやってきたのは社会主義の事業だ」と説き、計画経済だ、公有制だと主張しはじめた。党の首脳陣は「改革・開放」にブレーキをかけよと言いはじめた。私有化、分極化、西洋化は危険な兆候だと唱え、社会主義を防衛すべきだと叫び、口を揃えて「階級闘争」を主張するようになったのである。

なぜだったのか。

鄧小平、長老、元帥、中央政治局常務委員たち、そのなかには、天安門事件のあと中央政治局常務委員となり、総書記となった江沢民《こうたくみん》、天安門事件のあとに総書記になろうとしてなりそこねた中央政治局常務委員の李鵬《りほう》もいたが、かれらには息苦しい毎日がつづくことになった。

こういうことだった。

天安門広場で学生たちのデモがはじまる直前、ポーランドで自主的な労働組合の存在を政府が正式に認め、六月に選挙をおこなうことが決められたことは前に記した。

ポーランド共産党はマスメディアを支配し、選挙の仕組みを共産党に絶対有利なように定め、十二分の手だてを講じたにもかかわらず、勝つことができなかった。共産党の支配体制はずるずると崩れはじめた。

つぎは東ドイツだった。市民のデモがつづいていた。十月、東ドイツの支配者、ホーネッカーは部下のクレンツにデモ隊に武力を使えと命じた。ホーネッカーが思い浮かべたのは六月四日の北京の弾圧だった。クレンツも同じことを思った。ところが、クレンツは中国がやったことを真似てはならないと考えた。武力の行使をしなかった。さらなる譲歩として、市民に自由な通行を許そうとしてベルリンの壁を開放した。壁の崩壊、つづいては東ドイツ政府の崩壊となり、共産党の独裁も消えた。

同じ十月、ハンガリー共産党は民主的政党に衣替えしようとした。ところが、大多数の党員が党を見捨ててしまった。つづいてチェコスロバキアの共産党政府が滅んだ。

十一月初め、チェコスロバキアの首都プラハの中央広場にビラが貼られた。

「ポーランド　十年間

ハンガリー　十カ月

東ドイツ　十週間

チェコスロバキア　十日間」

さらにブルガリアでも、独裁者の党第一書記が辞任を迫られ、選挙を約束することになる。

東部、中央ヨーロッパに残る共産党の独裁政権はルーマニアだけとなってしまった。中国の党首脳はルーマニアの体制維持に懸命となった。十一月下旬、ルーマニア共産党の党大会が開かれ、出席した中共党の中央政治局常務委員の喬石《きようせき》が「社会主義国間の協力」を語り、チャウシェスク書記長が再選されると、江沢民が「熱烈祝賀」の電報を送った。その一カ月あと、チャウシェスクは殺害され、かれの政権は瓦解した。

プラハの中央広場のビラに一行付け加えられた。

「ルーマニア　十時間」

どこの国でも共通目標は民主化だった。ルーマニアを除いて、いずれも平和的な革命だった。ルーマニアにしても、犠牲者はわずかだった。社会主義を名乗る衛星国はすべて崩壊して終わった。

そして一九九〇年、これらの国では民主的な自由選挙がおこなわれ、議会制度が導入された。信教の自由と報道の自由も確立された。同じ年の三月から十一月までには、バルト三国が独立を宣言し、ソ連邦を形成していた共和国がいずれも独立した。

中国共産党の首脳たちの息苦しい日々がつづいたのだと前に記した。よそ目にも強靭に見えた東ドイツの権威主義的政府が崩壊してしまうとはおよそ想像できないことだった。社会主義体制とはこうも脆弱だったのか。ソ連までが一党独裁の原則を放棄してしまうとは。マルクスとレーニンは資本主義の「内部矛盾」を説きつづけ、だれもがそれを信じてきたのだが、「内部矛盾」は社会主義国内にあったのか。どれもこれも、中共党の幹部たちにとって計り知れない大きなショックだった。結局のところ、ソ連と東ドイツ、ほかの東ヨーロッパの国々はアメリカとのあいだの宣伝戦争に負けたのだとかれらは思った。

中共党の幹部たちは党内の刊行物で西側からの「和平演変」(5)に警戒せよと繰り返し、公安部は国外からの敵対勢力に警戒を強めよと強調した。なによりも国内の動揺を抑えようと懸命になった。

中国の知識人たちは「蘇東波《そとうば》」と口にした。宋代の天才詩人、蘇東坡を借りて、蘇はソ連、東は東欧、ソ連と東欧からの民主化の大波ということだった。天安門事件で鎮圧された側に共感を抱いていた人びとは、面白いことが起きているぞとのニュアンスを込めて、「蘇東波」と言ったのだった。

共産党の幹部たちは「改革・開放」をつづけることはできないと思った。鄧小平の政策路線に反対をつづけていた少数の保守勢力はそれみたことかとさらに大声を張り上げ、やらねばならないことは決まっているではないかと説いた。社会主義を守らねばならない。「姓は『社』か『資』か」と言いだした。「それは社会主義か、それとも資本主義かを問いただす」ということだ。「改革・開放」を制限、阻止しようという狙いだった。「和平演変」を警戒しなければならず、党首脳陣も「改革・開放」のスローダウンは当然なことだと思うようになった。

マスメディアを動員して、社会主義を守ろう、社会主義の理論研究を重視しよう、社会主義はわれわれが選択したただひとつの道なのだと大合唱をつづけた。党への服従を求める主張が繰り返され、階級闘争を堅持すべきだ、階級闘争は長期にわたって存在するという主張も復活した。「改革・開放」よりも、社会主義の教育こそ第一にやるべきことになった。党の長老、元帥、その下の中央常務委員、中央委員たち、だれもが、そうすることこそが正しい道だと思った。総書記の江沢民も、社会主義とは愛国主義だと主張するだけでは駄目だと考えたのである。ところが、鄧小平は自分の「改革・開放」路線に反対する動きに黙っていたようだった。

一九九一年七月一日は中国共産党の七十周年建党記念日だった。前の月にはロシアの大統領選挙でエリツィンが当選し、ドイツはベルリンに遷都すると決定していた。

その式典で江沢民は演説した。翌日、かれの講話が『人民日報』に載った。社会主義改革と資本主義改革には区別があるべきだと説き、プロレタリア階級の開放とブルジョア階級の開放には区別があると言った。鄧小平はこのくだりを読み、顔をしかめた。(6)

それから二カ月あとの九月一日午後十時のテレビニュースで、これから特別放送がある、重要な社説を放送すると伝え、これは翌日の『人民日報』にも載せられると説明があった。二十分間の放送は「改革・開放のすべて」と題するものだった。

鄧小平がそれを見ていて、ついに怒った。秘書を呼んだ。鄧の指示は中央政治局委員のだれかに伝えられ、つづいて人民日報社長の高狄《こうてき》が電話に呼ばれ、一節を削り、放送し直せと命令された。

高狄は「総書記はいいと言ったのになぜ」と不満だった。「なぜなどと聞くな。黙ってそうしろ。これは上部のまた上部からの指令だから」と返事が返ってきた。

午後十一時に再び特別放送があった。必要があって、同じ社説を再放送する、新聞の編集者は注意深く聞き、こちらを書き写すようにとアナウンサーは告げた。

午後十時の放送から消えた一節は「党の改革・開放政策を遂行するにあたって、『四つの基本原則』を堅持し、姓は『社』か『資』かの区別を忘れてはならない」の個所だった。(7)

だが、鄧小平は畳みかけて党首脳を攻撃しようとはしなかった。かれは八〇年代と同じように、どう進んでよいのか迷い、決めかねていたのであろう。分かれ道で迷う鄧をこっちに行くべきだとひっぱった胡耀邦はとっくにいなかった。

だれかが鄧に、南に行ってほしい、いまこそ深圳《しんせん》を見てほしいと勧めたのではなかったか。肝心なことを言うなら、党幹部たちのだれもが、社会主義の優先、社会主義制度を堅持せよと叫びながらも、そんなスローガンを叫びたて、階級闘争の真似事をやって国民を抑えていけるのかという不安があり、「改革・開放」をつづけたほうがいいのではないかという迷いがあった。号令をかけてくれるのは、年老いたといえ、鄧小平しかいなかった。

一九九二年一月、八十八歳の老人は広州《こうしゅう》に行き、深圳、珠海《しゅかい》を見て回った。

鄧小平がはじめて「改革・開放」を唱えたのは一九七九年だった。深圳、珠海、汕頭《スワトウ》、厦門《シイアメン》を「経済特別区」に定めた。輸出商品生産基地ということだが、だれもが期待をかけたのは、香港に隣接している深圳であり、そこなら香港からやってきて工場をたてる企業家もいるだろうと考えたのである。

香港の九竜《カオルン》駅から列車に乗った乗客は国境駅で降りた。そこがそのとき中国のただひとつの入口だった。滞在期限と行く先が定められた「回郷証」とお土産の電機製品を両手に下げた里帰りの人たちが橋を渡った。深い小川の意味の深圳河は川幅十数メートルほどだ。渡りおえて深圳の田舎駅があった。駅は町からは外れ、駅前には水田がひろがり、駅の裏手には豚小屋が並んでいた。

深圳は面積は二千平方キロ、人口二万人、養魚場と水田がつづき、そのさきに低い丘がある純農村だった。その深圳の香港沿いの一帯、市全体の六分の一、それでも名古屋市ほどの広さ、三百二十七平方キロを特区とした。珠海ほか三つの特区は合わせても十平方キロだったから、深圳の広さは群を抜いていた。一九八一年には関係の法律がつくられ、土地の使用権を売りはじめた。道路計画を忘れるという慌てぶりだったが、五万人の建設労働者がまずはこのフェンスで囲われた新租界に入り、水田を埋め、この地域特産のレイシの木を伐り、竹藪を潰した。それから二年たたないあいだに人口は十万人となり、中国では見られないスカートをはいた女性、ジーンズの若者が道を歩き、携帯ラジオの組み立て工場、コンテナの製造工場、玩具工場が操業をはじめ、特区内の田畑は建設現場と変わった。

鄧が深圳市の国際貿易センタービルの五十三階の回転式レストランから四方を見たのは、それからさらに十年がたってのことになる。南の方角のすぐさきに香港新界《サンカイ》の高層アパート群が見え、西には珠江口の海がひろがり、そして見渡すかぎりは深圳の町また町であり、二百四十万人が住む大都市だった。さらに不法居住者が四十万人いると言われていた。二十五階以上の高層ビルが百五十棟も立ち並び、深圳駅は巨大なターミナルビルに様変わりし、発電所、水道、ガス、通信施設、高速道路が整っていた。

ここに進出した外国企業、華人企業は四千社、投資額は五億八千万ドル、一九九一年の輸出総額は三十四億五千万ドルにのぼった。悪口を言うアメリカ人記者は、寺院と教会がなく、食べることと売春、喧騒と搾取だけの町だと批評した。

広東《カントン》省の党第一書記は北の方角を指し、深圳に隣接する「経済開放区」の東莞《とうかん》市の発展も目ざましい、人口はすでに百三十万を超し、中国の二十の百万都市の仲間入りをした、数年のちには深圳と並ぶ工業都市になるだろうが、深圳の工業生産額の年間の伸び率は六五パーセントにもなるから、深圳に追いつくのも大変だと説明したにちがいない。鄧小平は大きくうなずいて、北の地平線を見つめたことであろう。

じつは鄧小平は一九八四年一月にも広州に来て、深圳、珠海の経済特区まで足をのばしていた。五十三階建ての国際貿易センタービルなどそのときにはなかったし、東莞はまだ貧しい農村だった。深圳が中国のダイナモとなるなどとは想像できないことだった。そしてそのときかれは、失望のほうが大きかったのである。かれの「第二の大慶《たいけい》油田」にかけた夢は消えてしまっていた。

第一の大慶油田の開発の成功は鄧小平にとっても嬉しい記憶だった。大躍進と人民公社の創設が空恐ろしいばかりの状況となり、まったくの暗黒の年となった一九六〇年、六一年、六二年のたったひとつの光明が「大慶石油大会戦」の勝利だった。一九八一年、八二年、八三年、鄧は南シナ海に進出したアメリカや英国の石油会社の海底油田の探査、試掘がうまくいくことを願い、中国がソ連のような石油大国となることだって可能なのだと思い、南海油田の原油とガスの生産が外貨獲得の柱となり、中国の国力と富を増大させる鍵となることを夢見ていた。

そこで一九九二年に鄧小平が深圳を再び訪れ、八年前に訪れたときの深圳の町を思い浮かべれば、かれの頭をかすめたのは、そのとき外国の石油会社の首脳たちがいずれも肩を落とし、かれもがっかりした思い出であり、石油大国の夢は終わったのかと思った記憶のはずであった。だが、もはやどうでもよいことだった。

かれはもういちど、目の前の深圳からはるかにひろがる珠江デルタを見渡し、これこそ本物だ、ここにこそ、中国共産党の命運、そして中国の希望が存するのだとうなずいたのである。

そのあと深圳市と広東省の幹部たちを前にしたとき、かれの気持ちは昂《たかぶ》っていたのであろう、「改革・開放」をいっそう進めよと説いて、「纏足《てんそく》をした女のように」(8)よちよちしてはならないと口にした。

だれもがそれを耳にしたとき、ドキッとしたにちがいなかった。そのあとに活字となった文章を読むことになった党の幹部たちも、このくだりで視線の動きがとまったはずであった。

「纏足をした女」の一節はかつて毛沢東があげた怒りの声だった。それを直接に耳にした者はわずかに残るだけであろうが、それを綺麗に忘れてしまった者などひとりとしていなかった。

毛沢東が「纏足をした女」と叱責したのは、一九五五年七月三十一日のことだった。省、市、区の党委員会の書記を集めた異例の大集会で、社会主義に向かっての大衆運動が高まっているいまこのときに、「一部の同志」は「纏足をした女のようによちよちしている」と声を張り上げたのだった。そしてかれの農業集団化の第一歩となる合作社に反対した農村工作部長を「右派」だと宣告し、追放し、乗り気でないほかの党幹部たちを縮みあがらせ、集団化を遮二無二急がせたのだった。そしてその年の暮れには、「嬉しい。一九四九年の全国解放のときにも、これほど嬉しくはなかった」とかれは集団化の「高まり」を喜んだのである。

それから一九七六年に死ぬまでのあいだ、毛沢東がつづけたことは、「より大きく、より良く、より速く」という農業集団化を強行させるためのまことに空しい戦いだった。とっくに実体のない「地主、富農、反革命分子」を集団化に反対する敵に仕立て上げ、つづいては党幹部に「党内の資本主義の道を歩む実権派」のレッテルを貼り、党内闘争に明け暮れして、数千万の犠牲者をだし、かれの死のあとになってはじめて、農業集団化の悪夢は終わったのである。

二十年にわたってつづくことになる悲劇の幕開けの言葉こそが、「纏足をした女」だった。鄧小平がそれを語ってみせたとき、だれもが皇帝毛沢東が君臨した時代を瞬間思い浮かべたであろうし、すべての職務を剝奪され、追放された五年、十年に近い悲哀の歳月が頭をよぎった幹部も多かったはずである。だれもが思いだしたくないその忌まわしい言葉を鄧小平がわざわざ使ってみせたのは、

「改革・開放」以外に中国と中共党には選択の道はないことをみんなに示そうとしたかったからこそだと、だれもが理解したにちがいなかった。

そのあと鄧小平は珠江口の湾を越えて珠海に行き、江海電子株式会社を視察した。生産したテープレコーダーの八八パーセントは輸出している、昨年の輸出額は二千六百万ドルにのぼったという説明を聞き、やがては中国共産党のイデオロギーのなかで中心位置を占めることになる言葉を鄧は語った。

「高度な愛国主義行為で、社会主義にたいする貢献である。社員のみなさんに感謝する」[9]

かれは広東で、深圳で、珠海で、帰途の上海でこのような演説を繰り返した。それらがまとめられたのが、鄧小平の半生を語って、あるいは一九九〇年代の中国を説いて、中国専門家が必ず取りあげる「南巡講話」である。

かれは中共党の路線をしっかりと決めた。これが海外の華人、台湾人企業家に与えた効果は大きかった。一九九二年の海外からの直接投資は契約ベースで六百億ドルに近かった。一九八一年から九一年までの十年間の累計額を上回る驚異的な規模だった[10]。

「南巡講話」は中国がそのあとにつづく高度成長に火をつけることになり、もちろん、右顧左眄《うこさべん》していた総書記江沢民を立ち直らせもしたのである。

そしてもうひとつ重要なことは、国民の団結を求めるために階級闘争に頼ることはもはや絶対にしない、愛国主義を軸に団結させる、そして愛国主義こそが社会主義なのだと主張する——これが江沢民の中共党の基本路線となったのである。

【出典・注】

1 羅冰「毛沢東著作多代筆」『争鳴』一九九三年十二月号 一一頁
2 『紅旗』一九六六年第九号
3 エヴゲニー・M・プリマコフ 鈴木康雄訳『クレムリンの5000日 プリマコフ政治外交秘録』NTT出版 二〇〇二年 八頁
4 大崎雄二「『六・四』から五年 変わらぬ中国の『人』と『民』」『東亜』一九九四年七月号三二頁
5 「和平演変」の説明は、天安門弾圧の三日前、一九八九年六月一日に中国の国家安全部が党政治局の全員に配った「アメリカおよびその他の国際的政治勢力からわが国への思想的・政治的浸透について」という文書の以下の一節を見るのが、もっとも適切と思われる。
「(アメリカは)共産党の打倒と社会主義制度の妨害を狙って、大量の悪事を重ねてきた。カーターは『平和外交』を説き、レーガンは『民主運動』を推進し、ブッシュは『人権外交』を力説した。用語は違っても、その本質は少しも変わらない。すなわち、社会主義国内に民主勢力とやらを育成すること、『民主』『自由』あるいは『人権』などの標語を使って、政治反対者を励まし組織することである。これらの者たちはまた、党内に平和的変革を醸成し、それによってわが社会主義国家の政治権力の性格の変化を引き起こし、あるいは強いようと、党内の動揺分子の獲得、分裂を試みている」『天安門文書』三四三頁
6、7 ベンジャミン・ヤン 加藤千洋ほか訳『鄧小平 政治的伝記』朝日新聞社 一九九九年

二九七～二九八頁

鄧小平の死の直後、一九九七年二月二十二日付の『朝日新聞』に載った堀江義人の文章は同じ問題を記しているのでつぎに掲げよう。

「消息筋によると、九月一日夜、放送された人民日報社説の中に『改革・開放の中で姓社姓資を問い、社会主義の方向を堅持しなければならない』との一節があるのを知った楊尚昆国家主席（当時）が鄧氏に連絡し、翌日の紙面から削られた。筆者の高狄社長は『この部分は江沢民演説から採ったもので、大きな問題はない』と反論した。

……江氏は……姓社姓資論争でも微妙な発言を内部で繰り返していた」

8　劉金田ほか編著　孫秀萍ほか訳『鄧小平伝』東京新聞出版局　一九九七年　四七九頁

9　前掲書　四九〇頁

10　『ジェトロ白書（投資編）』日本貿易振興会　一九九二年　二一六頁

5 日本人にたいする憎悪を育てる

「愛国主義教育ノ重点ハ広範ナ青少年ニアル」……一九九四年八月二十三日「愛国主義教育実施綱要」第十五条

二国間の関係の濃淡の度合いがどの程度のものかを知ろうとして、ただひとつだけ挙げるとすれば、それは両国間の貿易額となるであろう。

一九九四年、日本と中国とのあいだの貿易は拡大をつづけていた。両国のあいだの貿易総額は一九九二年には三百億ドルに届かなかったが、九三年には軽く三百億ドルを超え、最高記録を塗り替えた。中国への輸出が百七十二億ドル、輸入は二百五億ドル、輸出入の総額は三百七十八億ドルだった。中国の貿易相手国としては二位だった。一位はアメリカで、総額四百三億ドルだった。

念のために付け加えれば、中国の通関統計では、そのとき香港を経由してのアメリカ輸出分を香港への輸出として数えていたから、アメリカへの輸出分が減り、一九九二年、九三年は、ともに日本が中国の最大の貿易相手国となっていた。

一九九四年に入って、一月に中国政府は為替レートを一本化した。元《げん》の公定レートを三〇パーセント以上引き下げてしまったことから、中国の輸出競争力は飛躍的に上昇して、アメリカ、日本向けの輸出は大幅に伸びることになった。そして中国内で操業をはじめた日系製造業による製品の日本への輸出が伸びはじめていたこととも重なった。日中両国間の貿易総額は四百億ドルを軽く超え、五百億ドルの大台も超え、五百五十億ドル、それ以上になろうとしていた。日系企業による製品の日本への輸出は対日輸出総額の三分の一にもなろうとしていた。中国にとって、三年連続、日本が最大の貿易相手国となることは明白だった。

さて、一九九四年六月三十日、村山富市内閣が発足した。外務大臣は河野洋平だった。アジア局長は川島裕、中国課長は野本佳夫、中国駐在大使は国廣道彦だった。北京に常駐する日本の新聞とテレビの記者は四十人以上にものぼった。ほんの数人あげても、新井利明、岡崎守恭、大橋弘、五十川倫義がいた。

その年、もちろん一九九四年のことだが、九月六日、北京駐在の日本大使館の館員、これも北京に駐在する新聞社、通信社、テレビ会社の特派員はこの日の『人民日報』をひろげ、第一面の社説を読んで、いよいよやったかと思い、急いでページを繰ったはずであった。八月二十三日に定めたという「愛国主義教育実施綱要」の全文が掲載されていた。四十条のすべてに目を通したであろう。日本の二字はあるはずもなかった。だが、日本を主敵としてつくったものであり、「日本憎悪教育実施綱要」であることは歴然としているとだれもが思い、大きく息を吐いたにちがいなかった。

大使館には、公使が二人、参事官が七人、一等書記官ともなれば二十人近くもいた。かれらはいずれも「綱要」を読み、かれらのうちの何人かは小会議室に集まり、この「綱要」を検討したのではなかったか。だれもが最後まで沈鬱な表情であったはずだ。大使の国廣道彦もまた「愛国綱要」の全文を読み、中国共産党のやろうとしていることを察し、賽《さい》の河原で小石を積んでいるようなものだ、和解と協調のためのわれわれの努力はすべて空しいのかと思い、終日気の晴れぬ思いであったにちがいない。

新聞社の特派員は条文を読み終えて、このさきどういうことになるのかと考え込んだのではなかったか。かれらは気を取り直して、自分の観方、考えをまとめる作業にかかったはずであった。ところが、だれもが沈黙を守った。もちろん、外務省アジア局長の川島裕、中国課長の野本佳夫がなにかを発表するはずはなかった。新聞はこれについてなにも記事を載せなかった。少し遅れてでる週刊誌、十月に入ってからの月刊の専門誌、総合雑誌にも、これに関しての論評はなにひとつ載らなかった。

付け加えるなら、共同通信社が翌一九九五年三月に発行した『ワールド・イヤーブック１９９５』にもなんの記載もなかった。

新聞、テレビの中国常駐員、本社の外報部員は「愛国主義教育実施綱要」の最初の何条かを読んで、ご大層なことだと思ったのであろうか。北京の大使館員は会議室でそれについて論議を交わすことはなかったのであろうか。そこで週刊誌の編集長や月刊誌の編集部員はなにも知らないままだったのであろうか。

じつは、中国駐在の記者のなかで、「綱要」を取り上げた人がいた。その年九月二十三日付の『産経新聞』は香港特派員の相馬勝の報告を載せた。かれは中共党の「愛国」大キャンペーンを丁寧に紹介した。また、毎日新聞刊行の『アジア時報』のその年の十一月号は北京特派員の網谷利一郎の文章を載せた。「愛国主義実施綱要」といった題だった。

二人のそれぞれの文章の最後のくだりを掲げよう。

相馬勝はつぎのようにまとめた。

「このキャンペーンについて、香港の中立系紙『明報』は、『中国では改革・開放路線の進展で、金銭万能主義が広まり、党の指導は全く顧みられない状況だ。党の肝煎りによる一大キャンペーンで、江沢民《こうたくみん》指導体制を固めることも目的だが、市民のキャンペーンに対する反応は極めて冷淡だ』と皮肉っている。香港紙『経済日報』も、『愛国主義キャンペーンで、改革・開放によって生まれた享楽主義、金銭万能主義が吹き飛ばせるか疑問だ』と懐疑的な論評を掲載している」

網谷利一郎はつぎのように結んだ。

「主席から青少年まで『学習、学習』の中国だが、職場での『鄧小平《とうしょうへい》文選第三巻』の学習会では

『なにやかにや理由を付けた欠席』が目立っているという。笛吹けど、人民は金もうけに血眼か」

日本を敵として教える愛国主義教育は前に記したとおり、実際には八〇年代からはじめられていたから、相馬勝も、網谷利一郎も、そして香港の中国人記者も中共党の愛国主義の宣伝には食傷していたのであろう。またかと思ったのかもしれない。

不思議なのは、一九九四年に「綱要」が公布され、つづいて一九九五年に中国全土ですさまじいばかりの日本憎悪の感情をかき立てるキャンペーンがつづくようになっても、だれも「綱要」に触れようとしないことであった。

中国について論じた雑誌を見よう。

愛知大学現代中国学会が編集している『中国21』二〇〇一年一月号は「二一世紀の日中関係」を特集している。十人以上の執筆者のなかに「綱要」を論じた人はいなかった。二〇〇二年八月号の『文藝春秋』は「中国不信」の百ページの特集を組んでいる。だが、これまた「綱要」に触れた人はいなかった。

書籍を見よう。

すでに第一章の冒頭で、以前に北京に駐在したことのある四人の記者の著書を取り上げ、「綱要」に触れていないことは記した。

岩波書店が一九九九年に刊行した『岩波　現代中国事典』は「愛国主義」の項目があるだけで、そのなかの記述は四十年前、五十年前、一九五〇年代、六〇年代の出来事を記すにとどまっている。

大学教授で、中国が専門の小島朋之の『中国現代史　建国50年、検証と展望』といった題の新書判の本がある。一九九九年、中央公論新社の発刊だ。第二章の「中華復興」には、「愛国主義」の項目があるが、「愛国主義教育実施綱要」の論述はない。第十章「日本と中華人民共和国」にも「綱要」には触れていない。

同じく新書判の横山宏章の『中華思想と現代中国』がある。かれも大学教授であり、中国が専門だ。二〇〇二年、集英社の発行だ。第五章「日中関係について――歴史認識の違いが物語るもの」のなかにも「綱要」はでてこない。

これも大学教授、天児慧の『等身大の中国』(二〇〇三年)は勁草書房の発刊だ。第六章「日中関係二一世紀への提言」のなかに、これまた「綱要」はない。

津上俊哉は研究員だ。その『中国台頭』は日本経済新聞社から二〇〇三年の刊行である。第六章「日中は和解できるか」のなかに「綱要」はない。

大学教授、岡部達味は現代中国史の碩学である。二〇〇二年に刊行された『中国の対外戦略』は専門書だ。さすがに「綱要」について触れている。「綱要」をだすにいたった理由は詳しく述べているが、「綱要」自体の説明は簡単だ。そのくだりを掲げよう。

「一九九四年、中共中央が『愛国主義教育実施綱要』を発表し、『愛国映画百篇』も発表された。この映画のうち題名からでは判断は困難であるが、少なくとも二〇篇は対日戦争がらみのものであったと思われる」(1)

なお、岡部は翌一九九五年の中国の一大キャンペーンについて明確に事実を述べている。つぎに記しておこう。

「一九九五年の終戦五〇年記念の愛国主義キャンペーンは、それまでと同じく、日本を主要な標的として行われたが、このときは特に激しい反日キャンペーンが行われた。その結果、現在三〇歳以下の人々の反日感情は、それ以上の高い年齢層より強いという結果になってしまった[2]」

一九九四年の「綱要」について記述し、しかも詳しく説明しているのは、清水美和の『中国はなぜ「反日」になったか』である。文藝春秋社の新書だ。二〇〇三年の刊行である。かれは新聞の編集委員、前に中国特派員だった。

清水が注目したのは「綱要」の第五項目、「愛国主義教育ノタメニ社会的雰囲気ヲツクル」である。「愛国主義の教育は教育関係者だけの仕事ではない。社会を挙げて愛国主義的雰囲気を醸成することは党員の至上の任務とされた[3]」とかれは記している。

「綱要」が公布されてから六年、七年たったあとになって、清水美和と岡部達味がそれをとりあげただけで、一九九四年には、相馬勝と網谷利一郎が「綱要」をざっと批評しただけ、ほかの人たちはだれひとり「綱要」をとりあげなかった。

中国を専門とする学者と新聞記者が「綱要」を無視するか、無視に近い態度をとった。なぜだったのであろう。

愛国主義はもっとも崇高な感情であると中共党は強調する。実際には日本を憎み、日本人を嫌悪する感情を子供たちに植えつけることになる。かれらがやがて成人したときにも、心の底に日本と日本人にたいしての嫌悪と憎しみを持ちつづけ、瞬時にその記憶と敵意が表にほとばしることになる。日本人と中国人とのあいだに心からの信頼関係を築くことができるときがはたしてくるのだろうかと、だれひとり考えることはなかったのか。

もういちど、読売新聞北京支局長の新井利明、日本経済新聞支局長の岡崎守恭、朝日新聞支局長の堀江義人、中国駐在大使の国廣道彦、外務省中国課長の野本佳夫、アジア局長の川島裕の一九九四年九月に戻ってみよう。

もちろん、だれもが「綱要」に目を通しながら、思いだしたのは、それより一カ月前の七月、日清戦争百周年を記念して、「日清戦争の恥を知り、精兵を練り、祖国を守る」といったスローガンを掲げ、軍と学校を中心に愛国主義運動が中国全土で展開されたことであったろう。翌一九九五年の「抗日戦争勝利記念日」は五十周年になるのだとも、かれらのすべてが即座に考えたことであったにちがいない。

そして、かれらのうちの何人かは、ずっと昔、「抗日戦争勝利記念日」である九月三日付の『人民日報』の紙面を埋めつくした林彪《りんぴょう》の「人民戦争の勝利万歳」を読んだことを思いだしたにちがいなかった。中国はなにをするつもりなのであろう、インドシナ半島からインドネシアの多島海でなにが起きるのだろうと胸が詰まる思いで、そのくだくだしい、繰り返しを重ねた、それだけに空恐ろしくもある長文の論文を読んだ記憶がよみがえったはずであった。

だが、林彪の論文がでたあとで実際に起きたのは文化大革命だった。あれは一九六五年のことだった、抗日戦勝利二十周年を記念しての論文だったと当時を思いだした人は、中共党が「愛国主義教育実施綱要」をだした、しかし、すでに愛国主義教育はやりすぎるほどやっているのではないかと思いに沈み、来年の五十周年にはなにをするのだろうと改めて考え、林彪のあの論文から三十年のち、中国の同じ党は日本憎悪のキャンペーンを、どれほど力を入れてやることになるのだろうかと思って、目の前が暗くなったにちがいなかった。

北京に駐在する各新聞社の支局長たちが、このことについてなにも言わなかったことは最初に記した。国廣道彦は東京になにを書き送ったのであろう。中国課長の野本佳夫は「綱要」の実施が日本にどのような影響をもたらすか、文書にまとめたのではなかったか。そしてアジア局長の川島裕はそれに手を入れ、準備しなければならない対策を記したのではなかったか。外務大臣の河野洋平は川島のポジション・ペーパーを読んだのではなかったか。総理大臣はその抜粋に目を通したのではなかったか。かれはだれとこの問題を相談したのか。河野洋平はどのような指示を次官に与えたのか。

かれらはなにをしたのであろう。

「綱要」について説明しよう。

「綱要」は中共党の中央宣伝部が定め、公布した。下斗米《しもとまい》伸夫の著作のタイトル『ソ連＝党が所有した国家』を借りれば、中華人民共和国もまた党が所有する国家なのだから、党が定めた「綱要」は法律とまったく変わりない。

たとえば中国の「一人っ子」政策は「人口資本説」を唱えた毛沢東の死のあと、一九七〇年代の末にはじまった。規則がしっかりと定められたのは一九八〇年から八二年である。厳しく施行されてきたから、われわれ外国人は当然、「一人っ子」政策は法律で決められたものだと思ってきた。ところが、実際には党の命令による地方の条例があっただけだった。「一人っ子」政策が七章四十七条の「人口・計画出産法」として明文化された法律となったのは、二十年にわたって施行がつづいたあとの二〇〇二年の九月一日になってである。

「愛国綱要」は八項目、四十条、八千字だ。まずは最初に、「中華民族ハ愛国主義ノ光栄アル伝統ヲ豊カニ受ケ持ツ偉大ナ民族デアル。愛国主義ハ中国人民ヲ動員、鼓舞シテ、団結奮闘スル旗印デアリ、ワガ国社会、歴史ノ前進ヲ推進スル巨大ナ力量デアル」[4]

つづいての第一項目は「原則」だ。いくつか並べたなかで、「愛国主義教育ハ対外開放ノ原則ヲ必ズ堅持シナケレバナラナイ」と書き加えている。二面的態度、二重政策を採るとの宣言である。

第二項目は「愛国主義教育ノ内容」だ。第三項目は「愛国主義教育ノ重点ハ青少年ニアル」、第四項目は「愛国主義教育基地ノ建設ヲ立派ニヤル」、五は「愛国主義教育ノタメニ社会的雰囲気ヲツクル」、六が「礼儀ノ必要性」、七が「歴史上ノ愛国ノ模範ノ宣伝ニ力ヲ入レル」、第八項目が「愛国主義教育ノ指導ノ強化」である。

これら八項目の「綱要」のなかで、もっとも重要なのが第三項目である。その第十五条、「愛国主義教育ハ人民全体ヘノ教育デアルガ、ソノ重点ハ広範ナ青少年ニアル」といい、「党ノ基本路線ヲ教エ、中国近代史、現代史、ソシテ基本的ナ国ノ状況ヲ教エ、中華民族ノ伝統美徳ト優秀伝統文化ヲ教エルヨウニ努メル」と説いている。

つづく第十六条で、「幼稚園カラ大学マデノ授業デ愛国主義教育ヲ徹底シテ貫カネバナラナイ」といい、さらにくだくだしい説明がつづく。全四十条のなかで、この第十六条がもっとも長文である。

党首脳部が愛国主義教育に最大の期待をかけているのは、幼稚園児から大学生までなのである。幼稚園児二千四百万人、小学生一億四千万人、中学生五千四百万人、高校生九百五十万人、短大五百万人、大学生三百五十万人、この膨大な年若い一世代、二世代の者たちに愛国主義教育を徹底しておこなうということだ。言い古された先言を使うなら、「青年を制するものが未来を制する」ということなのである。

国家教育委員会が公布した「中小学校デ中国近代史、中国現代史ト国ノ状況ヲ教エル教育ヲ加強スルタメノ綱要」と「中学校ノ思想政治、中小学校ノ国語、歴史、地理学科ノ教育綱要」をとりあげ、教室内で愛国主義の教育をしっかりおこなわなければならないと強調し、自然科学の学科を教えるときにも、愛国主義の教育を貫徹しなければいけないと説き、大学においても、愛国主義教育を主要な内容とする特別の講座を開設しなければならないと指示している。

つづいて第十九条が重要だ。「青少年ノ特長ニ焦点ヲ合ワセ、映画、書籍、音楽、演劇、美術、オ話会トイッタ形式ノ利用ニ注意ヲ払イ、広範ナ青少年ニ豊富デ生キ生キトシタ愛国主義ノ教材ヲ提供スル。各地区ト各関係部門ハ中央宣伝部、国家教育委員会、国家放送・映画・テレビ総局、文化部ガ連合シテ一九九三年ニ公布シタ『優秀ナ映画ヲ運用スルコトニヨッテ、全国ノ中小学校ニ愛国主義教育ヲ展開スルコトニツイテノ通知』ヲ真剣ニ実行スル。マタコレラノ優秀ナ映画ヲ授業ヤ教育計画ニ取リ入レ、シッカリト放映シ、映画観賞、宣伝、教育工作ヲオコナイ、タユムコトナク力ヲ入レル」

岡部達味の著書『中国の対外戦略』が、一九九四年に中共中央が「愛国主義教育実施綱要」を発表し、「愛国映画百篇」も発表したのだと述べていることは前に記したが、もう少し説明を加えよう。

一九九三年末に党と政府の関係機関は「愛国映画百篇」を定め、向こう一年以内にテレビで放映すると告げ、小学校一年生から高等中学三年生までに観賞させるようにと指示していた。

そして小学生が必ず観なければならないのは、小学校一年生、二年生は、たとえば『小兵張嘎《ちょうかつ》』『少年彭徳懐《ほうとくかい》』、三年、四年生は『雷鋒《らいほう》』『狼牙五壮士』『革命家庭』、五、六年生は『林則徐《りんそくじょ》』『甲午風雲』『南征北戦』『烈火中永生』といった具合である。

付け加えるなら、一九九四年には、翌年におこなう大々的な反日キャンペーンのための放映に備えて、劇場、テレビ用の抗日映画の量産をつづけていたのである。

「綱要」に戻れば、幼稚園から大学まで愛国主義教育を貫徹せよという指示とともに、もうひとつ重要なのが、第四項目の「愛国主義教育基地ノ建設ヲ立派ニヤル」である。「綱要」の全八項目のなかで、この第四項目、「愛国主義教育基地ノ建設」がもっとも字数が多い。

第四項目の第二十条はつぎのとおりだ。

「各種ノ博物館、記念館、烈士記念建造物、革命戦争ノ重要ナ戦場、戦闘記念施設、文物保護地域、歴史遺跡、景勝地、ワガ国ノ精神文明ト物質文明ノ成果デアル重要ナ建設物、都市ト農村ノ先進単位、コレラハスベテ愛国主義教育ヲオコナウ重要ナ場所デアル。各級ノ共産党委員会宣伝部ハソノ地域ノ党委員会ト人民政府ガ提出スル要求ニ従イ、教育行政部門、共産主義青年団、文化、文物、民政、園林部門ト合同デ、教育基地ヲ定メル。都市、農村ノ基層単位ト共産主義青年団組織ハ積極的ニ教育基地ヲ利用シ、教育活動ヲ展開スル。学校ハコレラノ教育活動ヲ徳育工作計画ニ取リ入レナケレバナラナイ」

つづく第二十一条は説く。

「各級ノ民政、文化、文物部門ト各種ノ博物館、記念館ハ、一九九一年ニ中央宣伝部トホカノ部門ガ共同デ発布シタ『十二分ニ文物ヲ利用シ、愛国主義ト革命伝統教育ヲ実行スルコトニ関スル通知』ヲ継続シテ貫徹実行シ、青少年ノ参観、恭観ヲ接待シ、必要ナ支持ト援助ヲ提供スル。教育基地ヲ参観スルトキノ料金ヲ定メ、学校ガ組織シタ教師ト生徒ノ参観ハ無料ニスル。コレラ教育基地ハ有能デ、高イ素質ノガイド班ヲ養成シナケレバナラナイ」

われわれ外国人が「愛国綱要」のこの第四項目を読んではじめて気づくのは、「愛国主義教育基地」がどういうものかということだ。北京の盧溝橋《ろこうきよう》近くにある「中国人民抗日戦争記念館」、南京《ナンキン》にある「南京虐殺館」がそうなのか、いずれも「愛国主義教育基地」なのかとうなずくことになる。

この章のはじめに書いたことを繰り返すなら、中国駐在大使の国廣道彦が「愛国綱要」の全文を読み、自分の努力は賽の河原で小石を積んでいるようなものだ、すべての努力は空しいのだと思ったにちがいないと記し、新聞社の北京常駐員は条文に目を通し、途中、なんどか溜め息をついたであろうと記した。

かれらは中共党の首脳たちが「愛国主義教育基地」に尋常でない期待をかけ、国民の中共党にたいするもろもろの不満や批判を、日本人にたいする恐怖と嫌悪の感情に変えさせることを意図しているのだと考えたはずだからである。

そして、あれが「愛国主義教育基地」なのか、あの種類の「愛国主義教育基地」をさらにいくつもつくっていくのか、そして幼稚園児から大学生に日本人への恨み、憎しみを教え込もうとするのかと改めて考えて、気が滅入る思いとなったのであろう。中国共産党の幹部たちは権力の確保をつづけるためにここまでやるのかと思ったとき、胸に重い鉛が入ったような気持ちとなったはずであった。新聞記者たちがなにも見なかったような顔をして、口を閉ざすことになったのは、こういう理由からだったと私は考える。そしてかれらのなかには、「愛国綱要」や「愛国主義教育基地」を無理やりに記憶の外に追いやってしまった人たちもいたのだと私は思っている。

こうして「愛国綱要」「愛国主義教育基地」についてては、だれもなにも語らなかったのだが、そんな「基地」を訪ねた経験を記した人、それを批判した人がいる。「中国人民抗日戦争記念館」と「中国人民抗日戦争記念彫刻塑像公園」を訪ねた二人の人の文章をつぎに引用しよう。

ひとりは青樹明子だ。彼女は北京師範大学に留学し、そのあと北京放送の日本語部に勤務した。一九九八年の夏から二〇〇一年一月までのことだ。日本の音楽番組のキャスターだった。日本語がわからない若者が相手なので、解説は六割が中国語、四割が日本語だった。彼女の著書『日本の名前を下さい――北京放送の一〇〇〇日』はそのあいだの経験を記したものだ。

印象深い作品である。彼女は自分の職場を丁寧に描いているし、彼女の周辺を騒がせた大きな事件、ベオグラードの中国大使館誤爆事件に絡んでのアメリカ大使館へのデモ行進の一部始終、法輪功《ほうりんこう》を弾圧しようとして、しつこくつづけるキャンペーン、十月一日の国慶節のパレードのためのたいへんな準備など、興味深いエピソードを交えて、巧みに描いている。

日本人にたいして特異な感情が支配している中国の首都に何年ものあいだ彼女は暮らしたのだから、不愉快な思いをすることは珍しくなかった。彼女は『日本嫌い』といわれる中国の人々の間で」「嫌日感情が強いといわれる北京の町で」とさらりと書きながし、「中国人と愛国論争を始めると、人間関係は簡単に壊れてしまう」(5) ことをとっくに承知していた。それでいながらも、彼女はタクシーの運転手に日本人はけしからぬ、謝らないと喧嘩を売られれば、平気の平左で応対して、タクシー恐怖症となることもなかった。頭の切り替えが巧みな彼女は落ち込むことはなかった。そして彼女が慰められたことのひとつは、彼女の番組にたいしての高校生のリスナーからの心のこもったファンレターだった。

彼女が「愛国主義教育基地」を訪ねたのは、帰国したあとに北京を再訪したときのことだった。「盧溝橋近くの『中国人民抗日戦争記念館』は、中国にとって『抗日』の象徴だが、十月八日に訪中した小泉首相は、まっさきにここを訪れた。ロウ人形は、日本軍の残虐の歴史を展示する『日本軍暴行館』に置かれている。噂によると、日中関係が良好の時人形は動かず、悪化すると電気のスイッチが入れられるのだそうだ。私は妹とその子供二人とともに、二〇〇〇年の夏に訪れた。

私たちが動くロウ人形の前で棒立ちになっていたときである。

『小姐、写真撮ってもいいかい』

二人の中国人が私と妹に向かって、カメラをかかげて、にっこり笑っている。記念館のスタッフだと言う。突然私の頭に『当記念館を訪れ、暴虐の歴史を学ぶ日本人女性』などというキャプションが浮かんだ。周囲を埋め尽くす、日本軍が行ったという残虐行為の写真が、改めて目に入る。生き埋めの生首、首切りの瞬間、連行される農民たち……。引きつった表情の私たちも、この恐ろしい写真に混じって飾られるのだろうか。

思わず逃げようとすると、彼らは邪気のない笑顔を向けてくる。『日本人と中国人は友達じゃないか。これも中日友好だよ』

そのとき私は『日本軍暴行館』の放つ、あやしい空気に呪縛されていたようだ。『中日友好』という葵の御紋をつきつけられ、『ｎｏ』という言葉が出ない。結局生体解剖シーンの前でにっこり笑うこともできず、ぶすっとした顔のまま、カメラに収まった」

そして彼女たちが表にでれば、二人組は先回りをして待っていて、「もう一枚」と言い、出口から外へでれば、またも二人組が待っていて、彼女たちは走って逃げたのである。

青樹明子は霧社《むしゃ》事件の舞台となった台湾の霧社を訪ねたことを最後に記している。

「事件は日本人学校と台湾人公学校の合同運動会の朝に起きている。その舞台となった公学校を見たい。さてどこだろう。聞いて回ったがみんな『知らない』という。小学校が見えたので、職員室を訪ねた。しかし、教務主任の先生は首をかしげて言う。

『事件のことは聞いたことがあるけど、場所までは知らないわ。昔のことだもの』

あれこれ問い合わせてくれてやっと判明。学校はもちろん廃止されていて、電力電源保護センターという所がその跡地なのだそうだ。抗日の象徴はさりげなく存在していた。付き添ってくれていた台湾人の大学の先生が言う。『日本に対する悪感情をむやみに煽りたてても意味がないですからね』

どちらがいいか悪いか云々するつもりはない。ただ二つの抗日の象徴が、それぞれに友好への道しるべであってほしいと願うのみである」[6]

つぎに『産経新聞』の中国総局長だったことのある古森義久の文章だ。かれの前には中国特派員はいなかったのだと語る人がいる。そうかもしれない。多くの記者が口ごもること、口にだせないことを古森ははっきり説いてきた。

古森の文章をつぎに引用する。かれは北京郊外の盧溝橋のたもとにある『中国人民抗日戦争記念彫刻塑像公園』内の塑像に付けられた英文の説明書きに軒並み「ジャップ」と刻まれているのを見た。

「この『抗日戦争記念彫刻塑像公園』は、一部の民間団体が勝手につくったわけではなく、中国政府当局が五年の歳月と五十億円相当の巨費を投じて『抗日』の要所である盧溝橋の脇に建設した巨大な施設なのだ。その説明文も、当然、中国政府が公式に認めた展示のはずである。単なる勘違いとか、ケアレスミスといった次元の話ではない。

このささやかな、しかし決して看過することのできない、『事件』から分かるのは、現在の中国における『抗日』『反日』展示が、日中間の過去の歴史問題や日本側の歴史認識が原因ではないという現実である。

日中友好協会設立から五十年以上が過ぎ、国交正常化から三十年が経とうとしている二十一世紀のいまでも、中国当局が日本人を蔑称の『ジャップ』と堂々と呼んでいるという実態は、中国側の自己完結的な硬直した対日姿勢を如実に物語っている。

一昨年八月十五日にオープンしたこの『抗日記念彫塑公園』の開園式には、中国側要人がずらりと出席し、その模様は中国官営マスコミでも詳しく報じられた。広さ二万五千平方メートルもの敷地（周囲の緑地を含めると十一万平方メートル）には、高さ四・三メートル、幅二メートルほどの巨大なブロンズの彫像が三十八基も並んでいる。それらのブロンズ像に彫り込まれた彫刻のモチーフは、いずれも『侵略』と『残虐』である。

たとえば『南京大虐殺』をモチーフにした彫像には、鬼の形相をして軍刀を振り上げる日本兵の下に、後ろ手に縛られた中国人が整列させられ、最前列のひとりは首をばっさり斬り落とされている。『七三一部隊の魔窟』と名づけられた像には、マスクをした七三一部隊の人間が台上に横たえられた中国人に生体実験を施している場面や、狭い部屋に閉じ込められ、うなだれている中国人たちを『獲物』を狙うかのように監視している日本兵が表現されている。中国側が『三光作戦』と呼ぶ日本軍の地域殲滅作戦や、中国労働者の遺体をまとめて埋葬したという『万人坑』をモチーフにした像もある。こうした描写がどこまで史実どおりなのか、疑問の余地は大きい」

古森義久は述べる。「なによりも、ほとんどの日本人は、日中関係の将来に対して『絶望』せざるをえないほどの暗澹たる思いに襲われるだろう。……しかもこの反日記念公園自体が戦後五十年もが過ぎ、日本側は中国に謝罪し、援助を提供し、友好を切なく訴え……と、中国に対して融和に融和を重ね、もういいではないか、と思っていた時期に開設されているのだ。

この公園の中心には、『中国人民抗日戦争記念碑　江沢民』と刻まれた巨大な白い花崗岩の石碑が建てられている。高さ十五メートルと、ひときわ目立つこの記念碑の基部には、上部の石碑に押し潰されたように、青銅でできた日本軍部隊の車輌が描かれている。国家主席みずから筆をとったこの碑文には、『抗日』宣伝はあくまで『国策』としていくという中国共産党首脳部のなみなみならぬ意思が感じられる。『抗日』とはつまり『反日』である。

『中国国民の苦痛を理解し、中国側の要求どおりに謝りつづければ、いずれ中国人の反日憎悪は消える』――そんな言辞を吐く日本側の識者にも、ぜひとも見学してほしい公園なのだ」(7)

古森義久の文章はさらに「日本軍暴行館」を見ての批判がつづく。

繰り返し語ることになるが、青樹明子と古森義久が見たのは、「愛国主義教育実施綱要」の第四項目の「愛国主義教育基地ノ建設ヲ立派ニヤル」の成果なのである。

青樹と古森は気づいたのかどうか、ジャーナリスト、酒枝響子はつぎのように記した。「中国各地の省や市や県単位で運営されているミュージアムのほとんどは、その地の抗日戦の歴史について解説・展示コーナーを設けている。そしてこれらの施設の正面には、赤字で『愛国主義教育基地』と刻んだ金地のプレートが、必ず埋め込んであるのだ」(8)

【出典・注】

1 岡部達味『中国の対外戦略』東京大学出版会 二〇〇二年 二二九頁

2 岡部達味「日中関係の過去と将来――誤解を超えて」『外交フォーラム』二〇〇一年二月号一九頁

3 清水美和『中国はなぜ「反日」になったか』文藝春秋 二〇〇三年 一五八〜一五九頁

4 『人民日報』一九九四年九月六日付

5 青樹明子『日本の名前を下さい――北京放送の一〇〇〇日』新潮社 二〇〇一年 七九頁

6　青樹明子「それぞれの抗日」『Foresight』二〇〇一年十月号　一〇〇〜一〇一頁
7　古森義久「『抗日』歴史展示の総本山で見た中国の『憎悪と怨念』政策」『SAPIO』二〇〇二年五月八日号
8　酒枝響子「1市直轄市14省2自治区にまたがる『抗日スポット』55はまだまだ増殖中」『SAPIO』前掲号

6 毛の戦争、鄧の戦争、江沢民のための手本

「三面紅旗」の推進力にしようとした金門島砲撃と米・日・華人資本家を安心させようとするための対ベトナム戦争

毛沢東の戦争

私はこの本の副題に「江沢民《こうたくみん》の戦争」とつけた。

この本の第一章で述べたことをもういちど記そう。伊藤光彦はニコラス・クリストフが「中国人の大多数が抱く日本に対する敵意」と記したことを取り上げ、「敵意」とは「ホスティリティー」であろうと言い、「戦争に近い精神状況を示すものだ」と語ったのだった。

江沢民が「愛国綱要」をつくり、いよいよ本格的に、「中国人の大部分」に「戦争に近い精神状況」をつくりあげようとしておこなったキャンペーンは、まさに戦争といってよいものだった。もちろん、戦闘機のロケット攻撃もなければ、イージス艦のミサイル発射もなく、死傷者もでないのだから、これが戦争であるはずはなかった。

だが、江沢民がやったことを戦いだと言いたいのは、砲撃をおこない、死傷者がでた本物の戦い、毛沢東の代表的な戦いにまことによく似ているからである。

毛沢東の代表的な戦いと言ったが、建国までの戦いと建国直後のスターリンに強要されての朝鮮戦争をべつにして、毛沢東がおこなった戦いらしい戦いは、一九五八年の金門《きんもん》砲撃戦と一九六二年のインドとの国境での戦争であろう。どちらの戦いも、直接に目指した目標はじつは添え物であり、追求するはっきりした目標はべつにあった。まさにかれの面目躍如たる戦いだった。

ヒマラヤでインドとの戦いをやったのは、一九六二年十月だった。前に記したことだが、毛沢東はその年六月から台湾に直面する福建《ふっけん》省に五十万の大軍を送り込んだ。アメリカの援助を得て、蔣《しょう》介石《かいせき》は福建省に大規模な上陸作戦をおこなうのではないかと、毛沢東ははじめて台湾の蔣の軍隊を恐れてのことだったにちがいない。同じとき、四月から五月にかけて新疆《しんきょう》省イリ地区では反乱が起き、五万人の住民がソ連領へ逃げ込んだ。同じ四月から五月、広東《カントン》省からは香港に二十万を超える人が逃げた。わずかに立ち直りの気配をみせてはいたものの、北は黒竜江《こくりゅうこう》省から南は海南島《かいなんとう》までどのような状態であったのかは前に見たとおりである。

まさにそのとき毛はヒマラヤで目の覚めるような戦いをやってみせ、飢饉だ、餓死者がでている、内部崩壊するといったたぐいのすべての噂は絵空事だということを台湾の蔣介石に、なによりもワシントン、そしてクレムリンにも見せつけてやろうとした。

私の敵は帝国主義諸国だ、私は中国と同じ側にいるのだとてつもなく甘いことを考え、中国政府の脅しは口さきだけのものだと思っていた首相のジャワハルラル・ネールと国防相のクリシュナ・メノンは哀れをとどめた。付け加えるなら、打ちひしがれたネールはこのあと二度と立ち上がれなかった。だが、毛がそのデモンストレーションを見せつけようとした相手は、あくまでもワシントンと蔣介石だった。そしてこれ以上はないという成功を収めた。大統領ケネディの補佐官たちは毛沢東の統制力のある見事なヒマラヤの限定戦争に舌を巻き(1)、毛の大躍進運動が中国にもたらした大惨状など気づくこともなければ、考えることも忘れてしまったのである。ワシントンがそう信じてしまえば、蔣介石ひとりではなにもできなかった。

さて、それより前の一九五八年の金門砲撃戦である。

その年八月下旬に金門砲撃をはじめたとき、毛沢東がなにをしようとしているのか、もちろん、鄧小平《とうしょうへい》は知っていた。そのとき鄧は中央政治局の常務委員、中央書記処の筆頭の書記だった。毛沢東が真ん中にどっかと座り、その左右に数人の最高クラスの幹部が横並びに座るといった公開用の写真を記憶している人がいるかもしれない。文革前には、毛沢東と「かれの戦友たち」の団結を示したお馴染みの写真であったが、小柄な鄧が大きなひじ掛け椅子にひときわ傲然とした態度で座っていた。

ついでに言えば、江沢民はそのときに三十二歳、長春《ちょうしゅん》のトラック製造工場の職員、胡錦濤《こきんとう》は十五歳、高校生だった。温家宝《おんかほう》も十五歳、高校生だった。毛沢東はなにをしようとしているのか、江や胡にはわかるはずもなかった。だが、あとになればその戦いはなんのためにやったのか、かれらにも見当がついたにちがいない。

だが、鄧も、江も、さらに胡も公の場でそれを口にしたことはなかったのであろう。そして中国のその戦いの関係者、あるいは研究者は澄まし顔で、その戦争をめぐる毛沢東の動機について事実からはるかに遠い説明をしてきた。

日本の研究者はどうであろう。かれらが語ったことをつぎに見よう。

「中国は、八月二十三日、外部の世界からは理解しがたい金門島砲撃を開始したが、これは台湾問題を、あくまで中国自身の問題とする中国の自己主張のあらわれと考えられる」

「一九五八年の大躍進政策のように政策失敗が国内に深刻な状況をもたらしたときの台湾付近の金門・馬祖《ばそ》に対する大量砲撃……、『愛国主義』が社会主義段階に入っても依然として政権にとって国家・国民の統合手段であったことを示唆している」

「周恩来を前面に押し出した平和共存外交は、一連の軍事作戦（打）によって獲得した戦果を踏み固め、今度は『談』（交渉、政略）によって、さらに大きな政治的目標（台湾統一）に近づくための手段であった。『談』が一定の成果をあげたり、あるいは袋小路に陥って膠着状態に入れば、再び『打』が頭をもたげてくるのである。世界の耳目を引き付けた五八年八月の激烈な金門島砲撃戦がそうだった」

「中国と固有領土と主張する台湾との分裂状態が固定化しないよう、台湾海峡の情勢を流動化させること、国民党、アメリカに揺さぶりをかけること、中東でアメリカが行動している時に東方でもひと騒動起こして、力と関心を分散させること等が目的であったといえよう」

このように書いた人びとは金門島砲撃戦を指揮した中国人退役将官が記した毛沢東とかれとのあいだのまことに興味深い一問一答を読んだことがあったのであろうし、これもはるかあとに、『瞭望新聞周刊』(2)に載ったその戦いの狙いを説明した文章に目を通したこともあったにちがいない。

だが、中国の元軍人や元宣伝担当の高官が金門砲撃を論じたとき、かれらは同じときにはじまっていた大躍進、人民公社建設の運動については、まったく触れようとしなかった。そこで日本の研究者も大躍進や人民公社のことをすっかり忘れてしまうことになった。そればかりか、だれもが綺麗さっぱりと忘れてしまったのは、毛沢東その人のことである。

一九五八年の夏から初秋にかけての、それこそ頭上のはるかなる大空がひび割れんばかりの毛沢東の昂揚感、したたりおちんばかりのかれの至福感、これをだれひとり真剣に考えようとしていない。その年の八月、九月のかれの数多くの演説に目を通しさえすれば、かれがそのとき取るに足りない、小さな台湾のことなんかこれっぽっちも考えていなかったことははっきり理解できたはずである。

かれは河南省《かなん》、山東省《さんとう》、八月四日には河北省《かほく》を回り、八月九日の新聞に「やはり人民公社をやるのがよい」とかれの言葉を発表させた。そして「工、農、商、学、兵をひとつにあわせることができるのが、よいところだ」と説いた。そして八月十七日から北戴河《ほくたいが》で最高国務会議を開いたのだが、それはかれの独演会となった。かれはほとんど毎日のように大演説をしたのだが、そのさなか八月二十三日に金門島に砲撃を開始したのは、もちろん、かれが命じたことであり、周到な準備をさせてのことだった。

金門島は瀬戸内海の小豆島ほどの大きさだ。それまで砲撃の圏外にあったその島の東の部分、大陸からいちばん離れたところにある飛行場、集会所、料羅湾《りょうらわん》にある荷揚場、アメリカ軍顧問団の宿舎に向かって、午後六時半、五百門の火砲が一斉に火を噴いた。その寸前までなんの気配もなかった。まったくの不意打ちだった。夕食会の席にいた金門防衛副司令官と二人の将官を爆死させたのは偶然のことだったのであろうか。毛がかまわないと言い、やってしまえと命じてのことであり、金門防衛司令官をも爆死させるつもりだったにちがいない。

この大砲撃にたいして国民政府の側が金門島に補給をしようとすれば、アメリカの艦船が護衛することになるだろう。これは最初から毛沢東が読んでいたことであった。七月にアメリカ軍がレバノンに上陸したことをとらえ、中国全国で一億人を動員するデモをさせたのは、つぎの本格的な反米デモのための足ならしだった。

九月七日、砲撃が開始されてからはじめて国府軍の上陸用舟艇が金門島に弾薬を陸揚げしようとして、アメリカ海軍の駆逐艦が護衛のために出動した。待ってましたとばかり、中国全土の反米デモが再びはじまった。全国で三億二千万人を動員したと発表された。こうやって、だれをも奮い立たせ、「全民武装を」と叫ばせ、結成させる民兵隊を、これから構築しようとする人民公社の主柱にする。これが毛沢東の計画の核心だった。台湾のことは、かれの頭の片隅にあるだけだった。

毛沢東は砲撃を三週間もつづければ、金門島の蔣の軍隊は降伏すると思っていたのであろう。十万人の金門の守備隊が降伏するなら万々歳だ。アメリカ海軍が援助して、金門島の守備隊と住民を台湾に引き揚げさせようとするかもしれない。それより三年前の一九五五年二月、浙江省《せっこう》沖の大陳《だいちん》島《とう》の例があった。アメリカ海軍は四隻の空母、百隻の艦艇と上陸用舟艇を出動させ、一万五千人の守備隊を撤収し、一万八千人の島民を台湾へ運んだ。同じことを再びやるつもりなら、それはそれで結構と毛沢東は思ったのであろう。いずれにせよ、かれは大きな勝利を収め、これを大々的に宣伝させるつもりでいた。

あとになれば、このとき金門島を奪わなかったのは、毛沢東の深慮遠謀などと説く研究者も現れる。「毛沢東主席は蔣介石がうまく金門島を守ることができるようにと助けて（一九五八年に）金門を砲撃したのだ」と、およそばかばかしいことを言いだす人も現れた。

一九五八年八月に毛沢東は金門島をやすやすと攻略できると考えていた。思いどおりにはいかなかったが、それならそれでよかった。主敵のアメリカを戦いの正面にひきだしたことで成功であり、かれの練り上げた大戦略の根幹を揺るがすことにはならなかった。中国全土の反米デモの盛り上がりのなかで、大衆の「勢いは猛烈になり、押しとどめることができない」ようになり、これが人民公社建設のエネルギーとなる。毛沢東の考えのすべては、こういうことだった。

人民公社をつくり、集団作業による深耕《しんこう》と密植《みっしょく》によって、中国から飢饉はなくなるのだとかれは説き、中国の耕地の三分の一は休閑地とすることができるようになる、美しい公園にすれば、だれも観光旅行に行く必要はなくなる。公社員となって規律正しい仕事をするようになれば、だれもが健康を維持できるようになって、医者は研究以外のことはしなくなる、衣服も食料と同じように無料にできる。これが金門島へ間断なくつづける砲撃のあいだに、かれが説きつづけていたことだったのである。

そしてかれは「十五年でイギリスに追いつく。二十年でアメリカに追いつく。そうなれば、なんでも思いのままだ」と主張した。小さな台湾問題など、そうなってから解決すればよいとかれは思っていた。かれはさらに全体の情勢はすこぶるいいと考えて、予定を早め、「七年でイギリスに追いつく。そのあとさらに八年たてば、アメリカに追いつくこともできる」と説くことにもなった。(3)

九月五日の最高国務会議では、食糧と鋼鉄、機械、この三つが「三大元帥」なのだとかれは説き、「三大元帥」さえいれば、「アメリカを追い越し、世界一になるのだ」と語った。(4)

そこでかれのまことに不思議な頭脳構造のことになる。密植と土法製鋼によって、食糧と鋼鉄、機械の「三大元帥」を配下にしてしまえば、ソ連の指導者、フルシチョフが説いた「追いつき追い越す」を自分のものにして、イギリスに追いつくことができるのだと衝動的に思い込み、これまた乱暴極まる戦いを計画しながら、かれの戦いの仕方はいつもながら慎重をきわめていた。大げさな宣伝、どぎつい恫喝、これ見よがしの戦いを仕掛けておきながら、相手の忍耐の限界を見抜くことには抜け目がなかった。

砲撃戦はあくまでも「イギリス、アメリカに追いつく」ための人民公社の建設を支えるものであった。砲撃をつづけ、ミグ戦闘機を出撃させ、魚雷艇をだすことで金門島への補給ができないことに国民政府が怒り、アメリカが苛立ち、金門を取り囲む砲兵陣地、さらには中国奥地の空軍基地を空から爆撃するようになり、時間と地域を定めた限定戦争でなくなってしまうことは絶対に避けなければならなかった。金門島の奪取ができず、戦いが終わらないなら、「愛国主義」を前面に掲げ、金門の哀れな守備隊への食糧の補給を認めてやろうと、もっともらしいことを言って、隔日砲撃に切り替える。

毛沢東はこれを巧みにやってみせた。戦争の拡大をしっかりと防止しながら、相変わらず反米キャンペーンをつづけるなかで、全土の人民公社は形を整えた。そして農産物はすべてが大豊作、前年の収穫高の二倍になったと公社の幹部が誇らしげに語れば、省の書記は喜び勇んで北京に報告し、政治局の幹部は感嘆することになった。人民公社万歳であり、金門砲撃万歳であった。

これが毛沢東のやった、いかにもかれらしい戦いのすべてだった。「戦争とは他の手段による政治の継続である」というクラウゼヴィッツの言葉はあらゆる機会にあらゆる人に引用されてきているが、毛沢東がやってみせた戦いにこそ使わなければならない箴言《しんげん》なのである。

じつは鄧小平も同じことをやった。

鄧は内戦中、日本との戦いのあいだ、ずっと劉伯承《りゅうはくしょう》に協力する政治委員だった。鄧は生粋の軍人の林彪《りんぴょう》に向かって、「君が遼瀋《りょうしん》、平津《へいしん》があるというなら、私には淮海《わいかい》、渡江《とこう》がある」と見栄を切ったことがあるのだという。

余計な話になるが、説明しておこう。これらは国共内戦の四大戦役だ。遼瀋は遼寧《りょうねい》と瀋陽《しんよう》のことであり、一九四七年、四八年にかけての東北の都市を包囲しての殲滅戦のことであり、平津は北平《ペーピン》と天津《てんしん》を一九四九年一月に占領した戦いのことで、いずれも林彪が指揮した。淮海は河南、安徽《あんき》の中原における、一九四八年十一月から翌年はじめにかけての大包囲戦、渡江は一九四九年四月に揚子江を渡河して、南京《ナンキン》、上海、武漢《ぶかん》を一斉に攻略した戦いである。こちらは劉伯承が総指揮をとった。

鄧がこのように威張ってみせたのは、かれと林との仲の悪さを示すためだけのことだったのであろう。

鄧小平の戦争

鄧がすべて自分で計画、遂行した最初で最後の戦いのことを話そう。

鄧小平は一九七九年二月に十七日間の戦いをベトナムにたいしておこなった。

鄧はその戦いをはじめる前から、やるのは「懲罰」の戦いだと宣伝に努めた。一月の末から二月のはじめにかけて、訪問さきのアメリカで説き、その帰途、東京でも、首相の大平正芳に向かって「ベトナムを懲罰する」と明言し、自民党の幹部たちに向かって、北方四島を取り戻すべきだと煽動さえした。

鄧小平が帰国して十日足らずあと、二月十七日の未明から中国軍は千五百キロの国境の二十数カ所でベトナムの領内に砲撃をおこない、戦車を先頭に立て、侵攻を開始した。

開戦から二日目の二月十八日の『人民日報』の社説は「ソ連の支持を受けたベトナムの侵略行動」を制裁してこそ、アジア・太平洋地域の平和は確保されるのだと説いた。三日目の二月十九日には鄧小平が「限定された攻撃だ」「これ以上拡大しない」と強調した。そして二月二十五日の『人民日報』は中国の部隊がいくつかの町を占領したことを明らかにした。

中国側はどの戦場でも爆撃機と戦闘機を使わなかった。侵入は国境線から十キロから二十キロ、せいぜい三十キロまでだった。

三月二日、ソ連共産党書記長のレオニード・ブレジネフは中国はただちに侵略をやめよと警告し、ベトナム領内から一兵も残さず撤退せよと言い、ソ連はベトナムとのあいだにその前年十一月に結んだばかりの友好協力条約を忠実に守ると主張した。

ソ連が公然と中国を脅せば、中国と国交を結んだばかりのアメリカは密かに鄧小平を支援することになった。国家安全保障問題補佐官のズビグニュー・ブレジンスキーは毎晩のようにホワイトハウスで中国大使の柴沢民《したくみん》と会っていた。中ソ国境に展開するソ連軍の動きについて、アメリカの人工衛星が偵察した情報を教え、トンキン湾のソ連艦艇の動き、南シナ海を南下するソ連の電子偵察機の行動を告げた。

鄧小平は戦いが短期間で終わると繰り返し外部へ発表をつづけた。そして三月五日の新華社電は、「国境防衛隊」がその日から中国領内に撤退を開始したと中国政府が宣言したことを伝えた。三月六日午後八時の北京放送は『人民日報』の翌七日の社説、「自衛反撃戦争の重大な勝利を熱烈に祝賀する」を発表し、国境防衛隊はすでに目標を完全に達成し、命令を受け、三月五日から撤退をはじめていると告げた。

鄧の限定戦争は終わった。さて、かれのベトナム「懲罰」は成功したのか。

鄧小平は戦いをはじめる前にどのように考えていたのであろう。ランソンの町を開戦三日目には攻略する。このように計画していたにちがいない。人口四万のランソンの町は国境から十七キロのところにある。そこから百二十キロ離れてバクニン、バクニンのさらに三十キロさきに首都ハノイがある。

鄧小平にはこれまた見習うべき毛沢東の戦いがあった。一九六二年十一月、中国軍がヒマラヤ山脈で攻撃をはじめてから三日目には、アッサム平原に五十キロの地点まで進撃してみせ、インドのジャワハルラル・ネールの政府を震えあがらせたのだった。

ところが、鄧が戦いをはじめて十七日目、撤退をはじめると言った三月五日になってなお、中国軍はランソンの町の一部を占領できただけだった。

やる気なら、ハノイの占領もわけはないのだと脅かし、「懲罰」の成果を紛《まご》うかたなく誇示するつもりでいたのなら、鄧の思惑は大きく狂ってしまった。

ベトナム側は、中国軍との戦いを国境警備隊と民兵隊とわずかな正規軍に任せたまま、カンボジアに派遣している精鋭部隊の一部をすら、ハノイ防衛のために引き戻すことをしなかった。中国軍が三月六日から八日まで、一三〇ミリ砲でランソンの町へ砲撃をつづけたのは、できないで終わった「懲罰」のみせかけだった。

中国軍のさらなる誤算は、開戦二日目、三日目に大きな死傷者をだしてしまい、戦いが終わるまでに戦死傷者の総計が六万人以上にものぼってしまったことであろう。

ベトナム側の死傷者もほぼ同じ数だったが、(5)ベトナム側に負けたという気持ちはさらさらなかった。鄧小平の戦いはベトナム共産党を懲らしめることも、教訓を与えることもできないで終わったわけである。

鄧小平に「懲罰」を言わせることになった理由のひとつは、ベトナム政府が一九七八年三月から華人の締めつけをはじめ、かれらをベトナムから退去するように仕向けたことにあった。南ベトナムの華人は商業施設と財産を奪われ、国外に逃げざるをえなくなった。サイゴンとその周辺では、ベトナムの公安機関の裏方が華人に船を売りつけ、かれらを外海へ追い払うという阿漕《あこぎ》なことをやった。

「ボートピープル」という名前で知られるようになるのは、鄧の「懲罰」戦争が終わってからあとのことになる。海への脱出者が急激に増大した。公安機関の秘密人員は華人に船を売り、さらに船をつくって売るということを繰り返し、二十五万人もの人を南シナ海に追いだした。四万人以上の人が溺死した。だが、鄧小平はもはや「懲罰」を叫ぶことはなかったのである。

それより前、その年、一九七九年の一月から二月、「懲罰」を叫んだ鄧の大義名分の第一となるものは、その前年の十二月下旬にベトナム軍がカンボジアに侵攻し、中国が支援していたポル・ポト政権を打倒したことだった。

余計な話になるが、なぜ、ベトナム軍がカンボジアに侵攻したのかを述べておこう。ベトナム共産党はベトナム領内の華人を狡猾なやり方で海に追放したのだが、ポル・ポト派の呼び名で知られるカンボジア共産党ははるかに荒っぽいことをやった。一九七五年に政権を握ってから、カンボジア領内のベトナム人住民の殺害、根絶をおこなった。そしてこの殺害を拡大しようとして、「体はクメール人だが、ベトナム人の心を持った」連中といった恐ろしいレトリックを使い、カンボジア人に「ベトナム人」のレッテルを貼ることで、反対派の幹部を殺し、住民の大量虐殺をおこなったのである。

鄧小平の「懲罰」の戦いのことに戻るが、かれの戦いはベトナム共産党をまったくたじろがせなかった。中国軍がベトナムに攻撃をはじめた翌日、ベトナム政府はカンボジアの政府と友好条約を結び、ベトナム軍の駐留を正当化してしまった。ベトナムを辱めようとした鄧の戦いはまったくの失敗に終わったのである。

では、鄧小平の戦いはほんとうに失敗だったのか。

見てきたとおり、毛沢東は一九五八年に金門島を砲撃するにあたって、その島の守備隊を降伏に追い込むことができるか、あるいはアメリカ海軍がその守備隊を撤収させることになるか、そのどちらかだと予測していた。

そうはならなかった。だからといって、毛沢東が練り上げた戦いは失敗だということにはならない。金門砲撃は反米キャンペーンの引き金であり、大躍進運動の推進装置だった。毛の戦いを真似た鄧小平の対ベトナム戦争も当然ながら「懲罰」のほかにほんとうの目的があった。

ベトナムにたいする「懲罰」戦争に先立ち、鄧小平が一九七九年一月末から二月はじめにアメリカを訪れたことについて、『ロサンゼルス・タイムズ』紙の記者だったジェームズ・マンはその著作『アバウト・フェイス』のなかで詳しく述べている。

前に記したことだが、この中越戦争のあいだ、ブレジンスキーがホワイトハウスで中国大使と会い、ソ連軍の動きを伝えていたというのはこの『アバウト・フェイス』からの引用である。

ところで、マンはつぎのように言っている。

「鄧小平がワシントンにおける会談で最優先としたのは、ベトナムとの戦いでアメリカの支持を得ることだった(6)」

表面をなぞれば、マンが言うとおりのことを鄧はやった。だが、鄧が望んでいたことはちがっていた。

正しくはつぎのように綴るべきだったのである。

「鄧小平がワシントンにおける会談で最優先としたのは、ソ連の衛星国、ベトナムと戦いをするぞと語ることによって、中国ははっきりソ連の敵になるのだと知ってもらうことだった」

説明が必要であろう。中国はアメリカの味方であったことはなかったが、ソ連の味方であったこともなかった。中国がソ連と友好関係にあったのは、ごくごく短い期間だった。毛沢東の中国はソ連とずっと喧嘩をつづけていた。

そして鄧もその喧嘩の先頭に立ったことがある。一九六三年にソ連の最高幹部と喧嘩をした。ソ連のイデオロギー活動の全般をとりしきっていたミハイル・スースロフが相手だった。十六日間にわたる会議は物別れで終わったのだった。

だが、喧嘩をしたといっても、それは共産圏での内輪の喧嘩だった。内輪と言えば、じつはもっと内輪のどろどろしたものがあった。党幹部はだれもが毛沢東の顔色をうかがって、ソ連と喧嘩をしていたのである。一九五六年にフルシチョフが「秘密演説」をおこない、スターリンの全生涯を激しく批判した。そこで毛沢東の部下たちはフルシチョフと仲良くできなくなった。自分の死後、お前は私を非難攻撃するつもりなのかと毛に疑われては大変だったからである。

そのフルシチョフが一九六四年に失脚した。そのあとのこと、中国の代表たちを招いたクレムリンの宴会で、元帥、国防部長のマリノーフスキーが酔いにまかせて、「われわれはフルシチョフを引きずり下ろした。あなたたちは毛沢東を引きずり下ろせばよいではないか」と言ってしまった。(7)

その翻訳を耳にした中共党の幹部ひとりひとりがその瞬間に思ったことは、ここに座っているうちのだれがこれを毛主席に告げるのだろうかということであったにちがいない。だれもが顔色を変えてみせ、無礼きわまりないと立ち上がった。かれらはソ連の指導部と喧嘩をつづけざるをえなくなってしまった。

だからこそ、鄧がアメリカにしっかりわかってもらおうとしたのは、これは毛沢東に自分の忠勤ぶりを示そうとして、ソ連の指導者と口喧嘩をした昔とはまったく違って、自分の指導する中国がソ連を敵とするのだということだった。

日本とのあいだに平和友好条約を結ぶにあたって、鄧小平がソ連を敵とする「反覇権条項」を入れさせようとしつこくねばったのも、その第一の狙いは、中国の真の敵はソ連だ、中国はソ連の脅威に足並みを揃え、アメリカ、日本と団結するのだとアメリカに見てもらおうとするためであった。

一九七八年八月に日本は不承不承に「反覇権条項」を入れた条約を締結することになったのだが、このときには、前に触れたアメリカの国家安全保障問題補佐官のズビグニュー・ブレジンスキーの日本への働きかけがあった。

そしてブレジンスキーこそが、中国をソ連から完全に引き離し、アメリカと結びつけようと考えていたワシントンの政策立案の主役だった。

そのときから三年前、プノンペン、サイゴンの失陥は、ソ連をして、アメリカ与《くみ》しやすしとつけあがらせてしまった。まさしくだれかが述べたように、弱さを見せるのは相手を挑発するのに等しかった。そのときソ連の軍事力の増大が大きな脅威となっていた。「危機の三日月地帯《アーク・オブ・クライシス》」とブレジンスキーは言った。エチオピアからソマリア、南イエメン、アフガニスタンにまでマルクス主義政府が誕生し、ソ連とソ連の衛星国のキューバの軍隊が支援していた。

その年、一九七八年のことだが、五月に中国を訪問したブレジンスキーは中国の役人たちと万里の長城に登った。かれは鄧小平から、私の中国はアメリカに協力すると聞かされていたから、上機嫌だった。かれは中国政府外交部と党の幹部に向かって、長城の上まで競走しようと呼びかけ、「ビリになった者はエチオピアに行って、ロシア兵と戦ってもらう」(8)と言ったのだった。

そのときにブレジンスキーは、アフガニスタンのゲリラ支援のリーダーシップをとり、ポーランドの地下活動を応援する先頭に立っていた。そしてソ連の膨張主義にたいしてアメリカは中国を利用しなければならないと強く主張していた。そのためには中国と公式な外交関係の樹立をと、かれは望んだのである。

そこで鄧小平のことになる。かれが望んでいたのは、「アメリカはもはや世界の警察官、地域的な警察官にさえなりえないのではないか」と意気消沈しているアメリカの高官に、中国はアメリカのそれこそ戦略上の同盟国であると売り込み、このあと述べることになるが、公式な外交関係樹立につづいて中国繁栄への門戸を開けることであった。

かれにとって、ブレジンスキーこそがもっとも頼りになる協力者だった。だが、日本との条約の「覇権ヲ確立シヨウトスル他ノイカナル国ニヨル試ミニモ反対スル」の条文ぐらいでは、ブレジンスキーはともかく、とてもほかのアメリカ人の顔を中国に向けさせることはできないと思っていた。自分の健康に自信は持っていたが、それでも七十六歳になる鄧は焦っていた。そこへベトナムのカンボジアへの軍事介入が起き、鄧はかれの中国を新たな世界へ導く絶好のタイミングを摑んだ。

かれが、ときのアメリカ大統領のカーターに知ってもらおうとしたのは、中国はソ連を敵としているのだ、アメリカの味方である、中国は軍事戦略的にアメリカにとって重要な国であるということだった。かれはホワイトハウスで、戦争は迫っているのだと言い、戦いを阻止するただひとつの方法は、同じ考えを持った国々、中国、アメリカ、日本、西欧諸国が協力して、「北極熊」を押さえ込むことだと説いたのである(9)。

そしてこれが口さきだけではないことを、カーターからアメリカ政府の幹部、議会の有力議員にまでしっかり納得してもらおうと考えた。アメリカの一般国民にも、中国は自分たちの味方だと理解してもらおうとした。三年前にサイゴンのアメリカ大使館の屋上からヘリに乗って、南シナ海の第七艦隊の巡洋艦に逃れようとする人びとの長い行列の写真は、アメリカ人のだれもが記憶する、なによりも苦い思い出のはずだった。かれらの屈辱的な恨みをいささかでも晴らしてやり、かれらに中国にたいする好意的感情を持ってもらおうとした。

こういうわけで、かれは「懲罰」の戦いをしたのだった。

そこでもっとも肝心なことになる。

鄧小平はなにを望んで、わが中国はアメリカの味方だとアメリカ人に信じてもらおうとしたのか。

ベトナムとの戦いを開始したあとの一九七九年二月二十六日、鄧は日本の共同通信社社長の渡辺孟次と会った。かれは自分が望んでいることをはっきりと渡辺に語った。鄧はまず最初に、戦いは限定的なものだと言い、国際世論の中国非難を鎮め、クレムリンの怒りを抑えようと努めた。かれは「戦いは今日で九日になる」と言い、そんなに長く戦いをする気はないと語り、「中印紛争では三十三日で戦いは終了したが」という問いに、「三十三日より短い日数で解決することを希望する」と答えた。

つづいて鄧が語ったのは、その戦いの向こうにあるかれの経済構想だった。

合弁会社をつくりたいと鄧は言い、「合弁会社をつくれば、それ自体支払い能力がある。たとえば生産物分与方式により共同で石油、石炭を開発すれば、それ自体支払い能力ができるではないか」と、頭の固い軍長老に説いて聞かせるようなことを喋った。

かれは一月末にアメリカを訪問して、ワシントンでベトナムと戦うのだと説いて回ったあと、テキサスのヒューストンで大金持ちたちと会った。鄧がだれよりも会いたかった相手はアーマンド・ハマーだった。ハマーは八十四歳、鄧よりも八歳年長だった。ハマーを「レーニンの友」であり、「困難に陥っていたソ連に援助を与えた」と褒めたたえたのは、鄧のマルクス主義者の地《じ》がでたまでのことだが、ほんとうの話は、ハマーは革命ロシア、といってもネップ時代のモスクワを訪問し、レーニンの信頼をかち得、ロシアの王室、貴族、大金持ちから没収した絵画や骨董をパリやロンドンで売り、口銭以上の大儲けをしたユダヤ系の冒険商人だった。

このハマーに鄧がどうしても会いたかった理由は、ハマーなら海のものとも山のものともしれない南シナ海の海底油田を必ずや中国のドル箱にしてくれるにちがいないと期待し、ハマーにつづいてほかのアメリカの石油会社、英国、日本の石油会社をひっぱりだすことができると思ったからである。

スコットランドの最北端、オークニー諸島の沖合で石油探査をおこない、北海最大規模の海底油田の開発に成功し、英国政府と巨大な合弁会社をつくり、第一番に生産をはじめたのがほかならぬ冒険商人、アーマンド・ハマーであり、採油の開始はかれが鄧と会う一年ちょっと前のことだった。

鄧が渡辺に石油の合弁会社の話をして二カ月あと、ハマーは石油、ガス、石炭、化学の専門家を引き連れ、自家用機で北京に乗り込んだ。かれは自家用機で北京に乗り入れた最初の外国人だった。ハマーは釣魚台《ちょうぎょだい》の国賓館に宿泊し、一週間のあいだに石油採掘、石炭採掘といった協定を結んだのである。(10)

だが、鄧の北海油田ならぬ南海油田の夢は打ち砕かれた。一九八四年一月、そして一九九二年一月に深圳《しんせん》を訪ねた鄧小平は、空しい希望に終わった海底油田のことを思い浮かべたにちがいないとは前に記したとおりだ。

ところで、ベトナムとの戦いのさなかに会った共同通信社の社長に向かって、中国に繁栄をひっぱってきてくれるはずの海底油田共同開発の計画のほかに、もうひとつ、鄧小平が自分自身に言ってきかせるように喋ったのはつぎのことだった。

「たとえば軽工業、手工業、化学工業の製品、農産物などを米国、そして日本、欧州に販路をつくれば、支払い能力ができる。

台湾は米国との貿易額は七十億ドルから八十億ドルだ。中国はこんなに大きいのだから、台湾の貿易額の三倍、十倍はあってもよいと思う[11]」

鄧小平は渡辺孟次に向かって、悔しさ、苛立たしさを顔にはっきりにじませながら語ったにちがいなかった。一九七八年の中国のアメリカへの輸出は、安物の衣料品から豚毛、ソーセージの外皮まで、すべてあわせて三億ドルだった[12]。

余計なことを記しておこう。

このさき記すことになるが、それから四半世紀あとの二〇〇二年、福建《ふっけん》省の日本向けのウナギの蒲焼きと白焼きの輸出金額だけで、三億四千万ドル、深圳のいくつかの工場で製造する人工のクリスマスツリーからツラライト、ネットライトといった電飾、その他の装飾品、サンタクロースの衣装、クリスマスリースまでのアメリカ向けの輸出総額は八億ドルにものぼった。

これらのクリスマス用品は、大正時代、昭和の初年にはもっぱら神戸でつくられ、戦後は、素材がプラスチックと塩化ビニールフィルムになって黄金時代を迎えるのだが、一九六〇年代後半から台湾、香港、韓国に産地は移り、一九八〇年代からは広東《カントン》に移ったのである。ホワイトハウスに飾られるクリスマスツリーのモミの球果だって、うちの製品なのだと自慢げに深圳の工場主は語ることになる。

鄧小平がその深圳に台湾の高雄《たかお》や台中《たいちゅう》の「加工輸出区」をそっくり真似て、「経済特区」をつくることになったのは、「懲罰」の戦いの翌年、一九八〇年のことだった。

さて、「懲罰」の戦いのさなか、鄧小平が渡辺孟次に語った話から、鄧の計画のすべては明らかであろう。

南シナ海へ進出してもらわねばならないアメリカをはじめとする多国籍の石油資本が中国共産党に抱いている懸念を取り除くために、そしてまた、広東、福建に投資してもらわねばならない香港、シンガポール、ジャカルタ在住の広東、海南島、福建出身の華人企業家、それこそ一九六〇年代後半から七〇年代にかけて、アメリカがベトナムとその周辺にエネルギーとドルを大々的に投入した時代に大企業家にのし上がった華人たちに向かって、心配しなくても大丈夫だ、決して資産を没収したりはしない、私の中国を信用してくれと言いたいがために、今日からは中国はアメリカの味方だ、ちょっとやそっとの口さきだけの味方ではない、軍事面でアメリカに協力し、相互依存の関係にあるほんとうの味方なのだということを見せつけようとして、鄧はソ連の衛星国と戦ってみせたのである。

【出典・注】

1　R・ヒルズマン　浅野輔訳『ケネディ外交（下）』サイマル出版会　一九六八年　三八二頁
2　葉飛「毛主席指揮炮撃金門」『人民日報』一九九三年十二月二十四日付

3　東京大学近代中国史研究会訳『毛沢東思想万歳（上）』三一書房　一九七四年　三一七頁
4　前掲書　三一八頁
5　King C. Chen *Chinas War with Vietnam, 1979* (Hoover Institution Press, 1988) p. 114
6　James Mann *About Face* (Alfred A. Knopf, 1999) p. 98
7　肖冬連『求索中国——文革前十年史（下冊）』紅旗出版社　一九九九年　一〇三五頁
8　トマス・J・マコーミック　松田武ほか訳『パクス・アメリカーナの五十年——世界システムの中の現代アメリカ外交』東京創元社　一九九二年　三四二頁
9　Harry Harding *A Fragile Relationship* (The Brookings Institution, 1992) p. 90
10　アーマンド・ハマー　広瀬隆訳『ドクター・ハマー　私はなぜ米ソ首脳を動かすのか』ダイヤモンド社　一九八七年　五三二～五三五頁
11　『共同通信』北京発　一九七九年二月二十六日付
12　『海外市場白書　世界貿易の現状（一九七九年版）』日本貿易振興会　一九七九年　三〇八頁

7 「轟々烈々」江沢民の戦争

「慶祝活動ハ愛国主義ノ内容ヲキワダタセナケレバナラナイ」……一九九四年八月二十三日「愛国主義教育実施綱要」第二十八条

毛沢東の戦争、鄧小平《とうしようへい》の戦争について記した。そこで江沢民《こうたくみん》の戦争に戻る。

「愛国主義教育実施綱要」の第二十条と第二十一条の「愛国主義教育基地」について述べ、その最大の「基地」を二〇〇一年に訪ねた二人が語ったことを記した。

「綱要」を制定した翌年の一九九五年のことに戻らねばならない。

その年には江沢民は国家主席、党総書記、そして党中央軍事委員会主席を兼任していた。それらの三つの機関の最高ポストを独占したからといって、かれの力がずば抜けているとは党の幹部はだれひとり思っていなかった。かつて華国鋒《かこくほう》は毛沢東の威光のもと、この三つを握った。だが、毛沢東が死んでしまえば、かれは鄧小平と胡耀邦《こようほう》に押されて、簡単に力を失ってしまった。同じように、江が党政軍のポストを握ることができたのも、鄧から授けてもらっただけのことだった。

江は一九九一年、九二年には市場経済への移行を遅らせようとして鄧から叱責されたのだし、同じ一九九二年には鄧は江のために軍指導部を握る楊尚昆《ようしょうこん》とかれの弟の楊白冰《ようはくひょう》の二人を引退させたのだった。

だが、一九九五年には、江はもはや鄧から叱責されることもなければ、鄧の力を借りる必要もなかった。鄧は老衰していた。かつては胡耀邦を引きずり下ろすために手を組んだ党の長老たちも他界してしまったか、衰弱の度を加えていた。こんなわけだったから、一九八二年に元老、長老たちのためにつくられた中央顧問委員会も廃止されてしまっていた。そして江沢民はといえば、そのときに六十八歳となっていた。

当然のことながら、江は国民、そして党幹部から尊敬されることを望むようになっていた。江は自分が鄧に引きあげてもらっただけの運のいい男、鄧の傀儡《かいらい》皇帝、所詮は三流どころの役者にすぎないという軽蔑や陰口、軽口を払拭しなければならなかった。

江沢民は自分が傀儡皇帝ではないことをはっきり国民と外国に示そうとした。一九九四年十月の新聞にひどく衰えた鄧小平の写真が載せられたことは前に記した。かれのパーキンソン病は進行していた。つづいて一九九五年の一月、鄧の娘の鄧榕《とうよう》は内外の新聞、テレビの記者たちに父親の健康状況を明らかにし、「父の体は日々に衰えている。いまは歩くことができない。立つには二人の支えがいる」と説明した。

そして江は自分が自分の足で立っている指導者であることを中央、地方の党幹部たちに見せつけることを二つほどやった。かれは鄧小平と非常に親しいとだれもが承知している巨大国営企業、首都鉄鋼グループの汚職を追及させ、会長を辞任に追い込んだ。つぎに江は、かれを凡庸な男だと軽蔑し、かれの人事を何回か批判した陳希同《ちんきどう》を叩きつぶしてやろうと狙いを定めた。陳は党中央政治局委員で、北京市の党書記だった。

陳は捜査が自分の周りではじまったことに気づいた。「真の権力」を握ってしまった党の幹部はだれもが、調べられれば、都市再開発に絡み、あるいは国営企業の払い下げや外国企業と組むことで、手が後ろにまわるようなことをいくつもやっていた。

陳の子飼いの部下の北京市副市長は豪邸をいくつも持ち、何人も愛人を抱え、不正資金をため込んでいた。そしてかれは自分の上司に超一級のペントハウス、別荘を提供し、利益を配分していた。そして陳希同はより大きな分け前を取り、親族と側近に商売上の利益を与え、さらにかれの背後の党長老、彭真《ほうしん》に十二分な上納をしていた。

ずっと北京市を支配していたのが彭真だった。一九五〇年代には鄧小平とともに党中央書記処を牛耳っていた。ところが、文革がはじまって、毛沢東は彭真を最初に追放した。毛が彭の北京市党委員会を北京独立王国だと非難し、「針一本、水一滴通さない」と憤激したのは有名な話だ。毛沢東の死後、彭真は当然ながら復権し、元どおり北京を支配するようになり、いよいよ本物の党長老となっていた。

そして胡耀邦を引きずり下ろしたときには、彭真はまだまだ元気で、その先頭に立ったのだが、ほかの党長老と同様、かれももはや八年前のエネルギーを保つことなく、イニシアティブをとることは不可能になっていた。ついでに言っておけば、鄧小平が亡くなったのは、それから二年後の一九九七年二月だが、彭真はその少しあとの四月に没した。

江沢民のことに戻れば、かれが北京市に手をつけたのは、私を小馬鹿にした者は許さないということを全国の党書記に見せつけることであり、鄧の後ろ楯がなくても、もはや彭真なんかを恐れはしないと誇示することであり、なによりも、これだけのことをやって、私の手は震えていないぞと皆に知ってもらいたかったのである。

北京市副市長は自殺し、陳希同は党書記を辞任し、かれの部下は逮捕された(1)。

香港の週刊誌がその年のはじめに、今年は「江沢民元年」になると説いたとおりとなった。陳希同をひとまずは辞任に追い込んだ翌月の五月九日、江はモスクワでロシアの対ドイツ戦の戦勝五十周年記念式典に出席した。

六年前の天安門事件がひきおこした中国政府にたいする国際的な制裁など、すでに影も形もなかった。江は胸を張って、モスクワに行くことができた。

その間に、こういういきさつがあった。一九八九年六月四日に鄧小平が命令した北京市の武力鎮圧は、中国にたいするアメリカ、欧州連合の各国、そして日本によるいくつかの経済制裁となり、中国と西側先進国との経済関係は大幅に縮小してしまった。中国はこの制裁の輪を断ち切ろうとして、日本に接近した。日本をからめとれば、西ヨーロッパ諸国はわけもなく軟化し、アメリカも制裁をやめることになろうと読んだ。日本の場合は天皇をからめとればよいと考え、天皇の中国訪問を求めた。

『朝日新聞』政治部記者の本田優は「天皇訪中は『七顧の礼』との形容が生まれるほどの中国の度重なる要請(2)があったのだと記した。

日本側はといえば、中国駐在大使も、外務省中国課長も、次官も、大臣も、首相も、そして宮廷もだれもが、天皇の訪中によって、じりじりと強まっている中国の反日キャンペーンをやめさせることができると考えた。愛国主義教育は一九九〇年の阿片戦争百五十周年の記念行事と「民族英雄」林則徐《りんそくじょ》の賛美だけで終わらせなければならなかった。

双方の意図と願いが一致して、天皇の一九九二年十月の訪中となった。

それから二年半がたった一九九五年五月、全世界から五十五カ国の代表がモスクワに集まったとき、もはや中国への制裁をつづけている国などあるはずはなかった。日本がやったこと、すなわち一九九二年の天皇の中国訪問がすべての国の中国封鎖を早々に終わらせてしまい、中国外交部長だった銭其琛《せんきしん》は回顧録のなかで、これによって「西方の制裁」を「分化瓦解(3)」させてしまい、「重大な勝利を勝ち取ったのだ」と自賛することになったのである。

ここでまったく余計な話、関係のない話をしておこう。天安門事件はたちまちのうちに忘れ去られ、日本、アメリカ、西欧の資本は中国に進出をつづけることになったのだと冷笑的に語る人がいる。そのとおりだ。だが、前にも触れたことだが、「第二の天安門」をやってはならない、野蛮なアジアの国がしたことを真似てはならないという自制心が働いてこそ、同じ一九八九年、東ドイツとほかの東ヨーロッパの共産主義政権は無血のうちに退場することになったという事実があったことを忘れてはならない。

一九九五年のモスクワに戻れば、中国の天安門事件はとうに終わり、そのとき面倒な問題となっていたのはロシアのチェチェン介入だった。戦勝五十周年記念式典を開くにあたって、西側諸国とロシアとのあいだでごたごたがつづいていた。前年十二月からのロシア軍のチェチェン侵攻に抗議して、赤の広場で軍事パレードをおこなうなら欠席すると西側諸国は申し入れていた。そこでロシア側は赤の広場につきものの軍事パレードをやめることにすると譲歩した。式典のパレードには独ソ戦争に参加した退役軍人だけの行進にするということで、西側の了解を得たのである。

ロシアのエリツィン大統領はいくつかの譲歩をしたが、世界各国の代表が来てくれることに望みをいだき、この式典に大きな期待をかけていた。かれは支持率の低下に悩んでいた。世界各国の元首、なかんずくアメリカ大統領と肩を並べて、この戦勝記念日の主人公として振る舞い、赤の広場の式典からクレムリンでの晩餐会、大祖国戦争中央博物館の開館式典まで、この久々の晴れ舞台の真ん中に立ち、自分の威信を国民に示したいと望んだのである。

ほかにもうひとり、大きな意気込みを見せていたのが江沢民だった。かれは五大国代表のひとりだというポーズをとり、アジアの「戦勝国」の代表だと肩をそびやかした。ソ連を兄と呼んでいた時代、人口二百五十万人ほどのアルバニアをただひとつ、盟邦と言っていた時代ははるかなる昔のことであり、いまや中国の力と威勢は全世界の絶頂に向かっているのだと胸を張ったのである。

江沢民は大祖国戦争中央博物館へも行った。八ヘクタールの広さの記念公園には、戦勝記念の戦車や火砲が置かれているだけでなく、ロシア正教の教会堂、イスラム寺院、ユダヤ教会堂がある。江沢民は博物館本館の「美術」「慰霊」の各部門を見て回り、「軍事史」のコーナーでは、戦場のジオラマ、写真、パネルを見た。かれはどう思ったのであろう。愛国心を鼓舞するにはまだまだ迫力に欠けると思ったにちがいなかった。

開館式は慰霊碑がある大ホールでおこなわれた。天井から数限りなく鎖が下がっている。その数は二千六百何十万本という説明だ。ドイツとの戦いで旧ソ連はその数の犠牲者をだしたというのだ。

さて、江沢民はその説明を受けたあと、その鎖を仰ぎながら、各国の代表を前にして演説をし、「アジアでは中国の軍人、民間人、三千五百万の死傷者をだして、日本軍国主義の野心を粉砕し、不滅の貢献をした」[4]と言った。

それまで中国政府が公表していた死傷者の数は二千百六十八万人だった。旧ソ連の戦死者の数より少なかったのである。江沢民はなにを根拠にしたのか、中国の死傷者の数を大幅に上乗せしてみせたのである。

この数字について、第二次大戦の研究に大きな業績をあげてきた秦郁彦が説くところをつぎに見よう。

「日中戦争における中国の人的被害は、何応欽《かおうきん》軍政部長が終戦直後の東京裁判で出した数字だと軍人が約三二〇万で、民間人は不明です。二十年以上経ってから何応欽は、両方合わせて五七〇万人ぐらいと言っています。

その後、中華人民共和国になってどんどん増え始め、二一六八万人がしばらく中国の公定数字になる。一応それには軍と民、死者と負傷者の内訳があり、北京の軍事博物館や盧溝橋の博物館などの壁に大きく書かれていました。ところが、一九九五年の第二次大戦終結五十周年の折、江沢民がモスクワで突然三五〇〇万という数字を言い出し、一挙に一四〇〇万人も増えました」

秦郁彦はさらにつぎのようにつづける。

「三年後の平成十年（一九九八）の秋、江沢民が日中平和友好条約締結二十周年ということで日本に来て、早稲田大学の講演でまたこの三五〇〇万人という数字を出しました。

モスクワでの発言直後に、私が中国人の研究者へ『博物館はどうなっているのか』と訊いたところ『まだ二一〇〇万のままだ』という答えでした。その後も『三五〇〇万の内訳はわからないか』と訊くと『わからない』との返事でした。重ねて『三五〇〇万の内訳を作る作業を命じられているのではないか』と問いただしたが、『まだ指示を受けていない』と言っていました。

江沢民が早稲田大学で講演したとき、ある新聞社の記者から『三五〇〇万人という数字が出ましたけれども、これは何ですか』という問い合わせがあり、私は『今回初めてではなくて、一九九五年から言っている数字だが、内訳がないから私にもわからない』と答えたのですが、付け加えて『推察するに、文化大革命と大躍進政策失敗時の死者が加わるとだいたいその数字になると思う』と答えました。もっとも新聞ではボツにされましたが(5)」

じつは中国における「大殺戮」はべつにあった。レウィ・アレーとエドガー・スノーの二人が、その死者の数は五千万人と推定している「大殺戮」である。すなわち内戦における中共、国府双方の犠牲者の総計であり、そこには日本軍と飢饉による犠牲者は入っていないのだとこの二人は言った。

エドガー・スノーの名は多くの人が記憶していよう。西側の記者としてはじめて延安《えんあん》に入った。翌一九三七年に発表した『中国の赤い星』は一九四〇年代の日本の少なからずの知識人に深刻な影響を与え、かれらの中国観を変え、人類愛と人間の平等があるという理想の地への憧憬を生むことになった。

レウィ・アレーはニュージーランド人だ。一九二七年に衛生検査官として上海に赴任した。スノーが上海に上陸するより二年前のことである。アレーは「合作社」といった中小商工業の協同組合の建設を中国各地でおこない、一九四九年のあとも中国にずっととどまった。

補足するなら、アレーとスノーは上海時代から親しかった。戦後、スノーは猜疑心の塊の中共党首脳にアメリカのスパイと疑われて、入国を許されず、かれはアレーに助けを求めたことがあった。

だが、アレーも中共党の幹部とは会えないようになっていた。スノーが中国への再入国を認められたのは一九六〇年になってからである。それからは六五年、七〇年にもスノーは中国を訪問し、日本にも立ち寄った。「未来に挑戦する七億」と説いたかれの文章、談話を覚えている人はいまもいることだろう。

ところで、この二人からべつべつの機会に五千万人の「大殺戮」のことを聞いたのは、アラン・ペールフィットというフランス人である。外交官出身の国民議会議員であり、ド・ゴール政府の閣僚となり、ド・ゴール派の指導者のひとりだった。かれは一九七一年に議員団を率い、中国を訪問した。二年あとにかれは中国についての著書を上梓した。ペールフィットが訪中したときには、まだ日本を敵とするキャンペーンはおこなわれていなかったことは付け加えておこう。

レウィ・アレーはペールフィットにつぎのように語った。「これは私見だが、死者のでた原因は国民党が江西《こうせい》、福建《ふっけん》その他（一九三〇年から三四年まで五回にわたって行なった勦共《そうきょう》作戦）で行なった処刑と「掃蕩《そうとう》」、湖南《こなん》、河南《かなん》その他における封鎖、一九四八年の内戦再開前と国共合作交渉決裂後の（国共）境界線における《事件》、およびその後起こった内戦によるもので、死者総数は一九二七年から四九年までの間に五千万台に達した」

ペールフィットはまたエドガー・スノーからも、内戦の死者の総数は五千万人にのぼると聞いたのである。(6) スノーはこの数字を毛沢東から教えてもらったのであろうか。

中国と日本との戦いは、中国の内戦と内戦のあいだにあった。そこで日本との戦いの死傷者の数を増やそうという意欲、圧力があれば、いつでも増やすことは容易にできるのである。

さて、ロンドンにはじまり、パリ、ベルリンで開かれた第二次大戦終結五十周年を記念する催しは、モスクワですべてはお終いだった。モスクワの式典には、日本からはロシア駐在大使の渡辺幸治が参加した。外務省の事務次官や審議官、顧問たちはいやなことが終わったとほっとはしたものの、大きな不安が胸のなかにはあったはずである。

そしてもうひとつ、旧社会党出身の首相、村山富市は「謝罪」「反省」のために海外訪問をして回り、北京をも訪ね、モスクワに出発する直前の江沢民と会談していた。その会談記録を読み、「日中は未来志向」と書き立てた新聞を読んでも、外務省の首脳陣の不安は消えなかったのであろう。

そのとおり、江沢民はモスクワの式典ですべてを締めくくる考えなどまったくなかったのだし、村山を相手にお説教をしたあと、「中国国民は寛容であり、未来に向けて進みたい」と語ったのだが、これは村山を糠喜《ぬかよろこ》びさせただけの通り一遍の挨拶にすぎず、かれ自身はそのあと思いだすこともなかったに相違ない。ロシア国民の愛国心の高揚を願い、政権への求心力を高めようとエリツィンはその記念日を祝うために努力をしたのだといった西側のテレビ、新聞の論評を江が見たのであれば、かれは鼻で嗤《わら》ったにちがいなかった。

江は共産党の統治をつづけていくためにすることをはっきり決めていた。天安門での容赦のない屠殺と投獄が国民に与えた恐怖心、そのあとに全国規模でおこなった審査、摘発の運動が国民に与えた教育効果にいつまでも寄りかかっていることはできなかった。

中国共産党は中華民族の前衛党であると唱え、共産党は中国社会の凝集力であると主張し、それを国民にたたき込むためにはただひとつ、モスクワの戦勝五十周年記念式典などとはおよそ桁の違う、一桁も二桁も違う物凄いことをやらねばならなかった。

江沢民にしてみれば、かれの四十数年の履歴のなかで、まったくやったことのない大きな計画であり、『毛沢東語録』をみんなと一緒に合唱するといった局長時代とはわけが違った。自分が号令をかけて全国民に「民族苦」を教え、愛国主義を燃え立たせ、天まで高揚させねばならないのであり、それをやり遂げてこそ、毛沢東と比べることなど考えるだに恐ろしく、鄧小平と比べてもはるかに劣った自分ではあっても、決してこの二人に負けない、物凄い、大きな力を持つことになるのだと思えば、思っただけで武者ぶるいをする気持ちであったに相違ない。

帰国した江がやることになったのは「愛国主義教育実施綱要」第二十八条の実施である。

そして最初に言ってしまえば、江はこれに成功した。十年、二十年さきのことになろうが、日本、アメリカ、中国の歴史研究者たちが江の政権と江がやったことを論述することになれば、かれを偉大な政治家だと語ることはまずありえないが、かれが「綱要」第二十八条を大々的に活用し、国民が抱いているさまざまな不満や怒りを日本人にたいする恨みと反感に転化させ、党が日本の侵略から中国を救い、党はいまなお〝中国への再侵略を意図している日本〟への警戒をおさおさ怠っていないのだと説き、これによって党と国民とのあいだの亀裂を塞ぎ、かれはしっかり権力の頂点に立つことができ、共産党支配の中国を資本主義の道に進ませることができたのだと記すことになるのではないか。

その同じ史家たちは付け加えて、つぎのように記すことになるにちがいない。それにしても、この平々凡々な政治家がこのような恐ろしいことをやってしまったのも、目に見える敵を身近に置くという毛沢東の階級闘争の方式に青年時代から慣れ親しんでいたからにちがいないと。

そこで「愛国主義教育実施綱要」の第二十八条のことになるが、そのごく一部分を掲げよう。

「トリワケ、元旦、春節、三八、五一、五四、六一、七一、八一、十一等ノ重要ナ祝日ノ慶祝活動ハ愛国主義ノ内容ヲキワダタセナケレバナラナイ」

春節は旧の正月である。三八は三月八日、国際婦人デーである。五月一日はメーデー、五月四日は青年の日だ。六月一日は子供の日、七月一日は建党記念日、八月一日は建軍記念日、十月一日は国慶祭だ。

さて、江沢民とかれの部下たちが「愛国主義ノ内容ヲキワダタセ」るつもりの、もっとも重要な記念日はその条文には入ってなかった。

七七、八一五、九三、九一八である。

七七は七月七日だ。盧溝橋事件の起きた日であり、「七七抗日戦争記念日」である。九一八は満洲事変の勃発の日だ。中国では「九一八記念日」で通用する。そして九月三日だ。横浜沖のミズーリ号で日本の全権の重光葵、梅津美治郎、つづいてダグラス・マッカーサーが降伏文書に署名したのは九月二日である。中華民国の代表も署名した。だが、中国政府は一日遅れの九月三日を「九三抗日戦争勝利記念日」としている。なぜなのかは知らない。

付け加えるなら、一九九四年に「綱要」を制定したときには、正式に決まってはいなかったが、一九九九年九月に国務院がだした「全国ノ祝日オヨビ記念日、休日ニ関スル命令」のなかに、七七、九三、九一八が記念日に加えられている。

さて、その年、一九九五年だが、江沢民がモスクワから戻った翌月の六月十四日、長い愛国主義キャンペーンの開幕は大学生の記念コーラス大会ではじまった。党の北京市委員会の主催だった。北京市内の五十六の大学の学生一万人が首都体育館の客席を埋めた。そこでかれらは『黄河の恨み』『黄河防衛』など七曲を合唱した。

北京をはじめ全国で「抗日戦争勝利五十周年」のためのさまざまなセミナー、シンポジウム、公演、展示会、写真展、映画の記念行事がはじまった。中央テレビは七月三日から抗日戦争のシリーズ番組を開始した。七月七日には勝利五十年の記念式典を盧溝橋の中国人民抗日戦争記念館でおこない、式典と同時に抗日記念彫塑公園建設のための定礎式をおこなった。『人民日報』のその日の社説は、「歴史が教えるように、落伍すれば叩かれる」と強調した。上海の『解放日報』は抗日戦のあいだの日本軍の残虐な行動の記事や写真の特集を組んだ。

新聞は連日一ページを埋めて、日本軍の侵略を描き、八路軍《パーロ》、新四軍《シンス》の奮戦を記した。テレビは毎日、録音ルポ、関係する人物の訪問を流し、ニュース解説はすべて抗日の戦いであり、抗日ドラマであり、その中心は日本軍の残虐行為を取り上げたものだった。

本屋の棚には『中国抗日戦争歴史叢書』や『中国抗日戦史』『中国抗日戦争全書』といった本がずらりと並び、映画館では『七・七事変』『南京大虐殺』といった映画を上映していた。

北京にいる日本人、上海にいる日本人は毎日が不愉快きわまりなく、暗い気持ちだった。常駐記者はいずれも、中国共産党は前年八月に定めた「愛国主義教育綱要」をこんな具合に使うつもりだったのかと改めて思い知ったはずだった。かれらの取材報道が各新聞紙面に揃って載ったのは、六月十四日の記念コーラス大会だけだった。そのときには常駐員と本社編集部の双方ともに、中国ではじまる愛国主義キャンペーンの全貌はわかっていなかったのである。

各社の記者たちは七月上旬から中旬、揚子江の沿岸を案内され、各地の催しを見て回らされた。だれもがこうした見聞を読者に知らせようという意欲はとっくに失せていた。記者のひとり、堀江義人は「激しい愛国主義キャンペーンは中国人の大半を占める『戦争を知らない世代』に浸透した」と記した。そしてごくごく控えめにつぎのように付け加えた。「マスコミは侵略した日本軍の残虐行為を繰り返し取り上げ、対日感情に悪影響を与えるという副産物を生みつつある」(7)

ところで、大使の国廣道彦は中国の外交当局から、「運動は秋までです。日本を標的にしたものではありません。日本が引き合いに出されることはあるかもしれないが、そんなひどいことにはなりません」(8)と聞いていたのだという。

いったい、国廣はそのような説明をいつ聞いたのであろう。幸せなことにその年の夏にかれは北京にいなかった。不運な後任は佐藤嘉恭だった。

佐藤が外務次官の唐家璇《とうかせん》に向かって、どうしてこのような映画やテレビドラマを朝から晩までやっているのかと問うごとに、「これは歴史教育なんだ。そこは誤解しないでくれ」と唐は答えたのだという。(9) 佐藤は釈然としなかったが、この空恐ろしい反日教育に黙っていたのである。見て見ぬふりをしたのである。

ところが、江沢民とかれの配下たちは、日本政府が見て見ぬふりをしていることができなくなる仕掛けをつくろうとしていた。

江沢民は七七、八一五、九三と愛国主義の鼓吹のために日本への憎しみと恨みのキャンペーンをつづけるだけではなく、国民の怒りを日本が現在おこなっていることに向けさせ、国民の怒りをより大きなものにしようという計画をしっかりとたてていた。

八月十五日に日本の首相が靖国神社に参拝してくれれば、願ったりかなったりだった。だが、日本の総理大臣は旧社会党出身の村山富市であり、とても参拝に行くとは思えなかった。それなら釣《ちょう》魚島《ぎょとう》の十二カイリ内に百隻の漁船を入らせ、操業させるか。(10)

いや、やるつもりのことはとっくに決まっていたのであろう。中国政府はその年の五月十五日に地下核実験をおこなっていた。もう一回、核実験をおこなう計画をたてた。

中国はそれより二年前、一九九三年に地下核実験をおこない、一年前の一九九四年にも二回核実験をおこなっていた。

日本は一九九二年に定めた「政府開発援助大綱」のなかで、「政府開発援助ノ実施ニ当ッテハ」、「開発途上国ノ軍事支出、大量破壊兵器・ミサイルノ開発・製造、武器ノ輸出入等ノ動向ニ十分注意ヲ払ウ」と定めている。[11]だが、一九九四年の核実験のときには中国に抗議をしただけで、政府開発援助の中国向けの援助資金に手をつけなかった。

世論は村山・河野のコンビの弱腰を批判するようになった。たとえば一九九四年十月二十九日付の『朝日新聞』は「中国への援助と外交原則」といった題の社説を掲げ、つぎのように結んでいた。「対外援助は、軍事的影響力の行使や武器輸出をしない日本にとってきわめて有効な外交手段であることを忘れてはならない」

中共党の指導部は、つぎにおこなう予定の核実験に日本政府がどのように反応するかを検討したのであろう。五月十五日の地下核実験のあと、日本外務省は中国大使に「極めて遺憾であり、今後繰り返さないように強く求める」と言い、無償援助の一部削減という措置をとっていた。それからわずか三カ月のちに再び核実験をおこなえば、日本政府は中国にたいする援助資金の見直し、削減までを言いださざるをえなくなるのではないか。そこで、ただちに外交部のスポークスマンが日本政府の対応に抗議をし、批判をし、日本を烈しく非難すればよい。『人民日報』をはじめ、すべての新聞は日本を厳しく糾弾する、日本は過去の反省が足りない、日本はけしからんと攻撃し、日本憎悪の国民感情をいっそう沸き立たせることができる。

さて、中国が地下核実験をおこなったのは八月十五日から二日あとの八月十七日である。気弱なことでは恐らくだれにも負けない村山・河野のコンビも、さすがに今度ばかりは「極めて遺憾である」で済ますことができなかった。八月二十九日、日本政府はポリオ撲滅支援の二億円、災害援助の一億円、草の根無償援助一億六百万円を除く一九九五年度の対中無償資金援助を原則的に凍結すると発表した。

首を長くして東京の出方を待っていた江沢民とかれの部下たちは大笑いをしたのであろう。わざわざ九月三日の直前にこんなことを言ってくるとは、なんというお人好しかと笑ったはずである。その日のうちに外交部のスポークスマンが記者会見をおこない、戦後五十周年の今年は日本が侵略行為を深く反省すべきときであるにもかかわらず、中国の核実験をおおげさに問題視するとは、政治的になにをもくろんでいるのか深く考えざるをえないといつもながらの口調で喋り、日本を罵倒した。

六月からの長い愛国主義鼓吹の一大キャンペーンを最後に盛り上げねばならない九月二日の前夜祭、つづく翌九月三日に大々的におこなう記念式典を前にして、願ってもない状況となった。『人民日報』をはじめ、宣伝機関は多段ロケットの最後のロケットに点火することになった。国民を煽動するのにもっとも有効な力を持つのが賠償問題なのである。

阿片戦争のあと、その理不尽な戦いの費用を英国に賠償させられたという悔しい話にはじまって、日本はただのいちども謝罪をしたこともなければ、びた一文も支払わおうとしない、ところが、どうだ、日本は甲午《こうご》戦争(12)のあとには中国から多額の賠償金をせしめとったのだという話になるのだった。これは中国の小学生から大人まで、聞いていて腕が震えてくるほど腹が立つ話なのである。

中国の当然の権利であったはずの戦後賠償に比較すれば、無償援助や円借款ははるかに不十分だと言った。日本政府は「八百億ドルの巨費を第二次大戦中の自国の戦死者の遺族に支払った。この額は日本が外国に支払った各種の賠償額の五十七倍にものぼる。侵略された側の被害者と自国の戦死した侵略者にたいしてまったく相反する政策をとってきているのだ[13]」と非難した。

そして九月三日、北京の人民大会堂の記念集会に、七人の中央政治局常務委員をはじめ、抗日戦に参加した老兵を各界から一万人集めて、江沢民が「重要講話」をおこなった。

その江の講話どおりの演説をしたのが、それから二日あとの九月五日、ジュネーブの軍縮会議の中国代表だった。日本の台湾侵略からはじめて、日清戦争（甲午戦争）を非難し、「南京虐殺では三十万人以上が殺され」「日本による侵略の直接的な被害は千億ドル、間接的には五千億ドルにものぼる」と主張した。さらにお説教をつづけ、歴史の教訓を学び、侵略行為を反省することがアジアの信頼と理解を得るただひとつの道だと言った。

中国のそんな大キャンペーンの後半にぶつかった工藤俊一という人がいる。かれは八月二十五日、夫人とともに北京空港から北京大学構内の宿舎に落ちついた。

かれは上海の東亜同文書院の出身だった。卒業のあと満洲で終戦を迎えた。新聞社に勤務したあと、北京の出版社に一九八四年から一九九〇年まで「外国人専家」として勤め、一九九五年、北京大学の日本語教師となった。前に引用した青樹明子が北京放送局に勤務したのが「外国人専家」の肩書だったのだが、工藤も同じだった。

荷物の片付けが終わって、工藤が夜遅くテレビのスイッチを入れると、いきなりとびこんできたのが抗日戦のドラマだ。つぎの日も、テレビのチャンネルをまわせば、どこかで必ず抗日ものを流していた。そのつぎの日も抗日ドラマを放映していた。

九月十日は教師の日だった。テレビでは優秀教師の表彰式の中継放送があった。見ているうちにクイズ番組となった。高校生のクイズ番組で、学校対抗の形式である。ところが、番組のタイトルを見て、かれはびっくりした。「抗戦知識問答」というのだ。抗日戦争に関するクイズなのである。高校生がつぎつぎと手をあげ、答えているのを見ながら、ここまで抗日教育を徹底するのかとかれは溜め息をついたのである。

そして工藤は「三年前のあれはいったいなんだったのだろう。日本と中国の市民が手をとって喜びあったあの日は」と考えた。

一九九二年九月にかれは北京に滞在していた。日中国交正常化二十周年を迎えてのことだった。かれはつぎのように記した。

「そしてこの年、最大の感激は天皇訪中だった。

天皇訪中は、中国の再三にわたる希望によって、日本国内の一部の強い反対を押し切って実現にこぎつけたもの。それだけにその成否がとても気になった。

北京では、天皇を迎えるにあたって、天安門前の広い歩道に立つ四本のポールには、大きな日の丸の旗が中国の国旗、五星紅旗と並んで高々と翻っていた。朝日に映える日の丸を目にして、こんな晴れがましい気持ちになったのは、中国にきてからはじめてだった。十月二十三日昼、テレビに天皇訪中のニュースが流れた。午後一時三十分、北京空港に到着したという。

四時半、天安門広場中央の人民英雄記念碑前に砲列が敷かれた。つづいて礼砲が放たれた。歓迎式典がはじまったのだ。この日はおそらく風速十四、五メートルはあったろう。あとでテレビのニュースをみると、天皇のお髪は風に乱れていた。

やがて人民公会堂前から、車の列が離れるのがみえた。式典のようすはみられなかったが、式典が無事に終わったのを知ってほっとした。

天皇訪中は中国側にも好感をもって迎えられた。日中の新しい幕開けだった。

それが三年後の今はどうだろう。連日のような抗日キャンペーン。私はあまりの変わりように唖然とした[14]」

国廣道彦はその年の三月に中国駐在大使を離任したことは前に触れた。のちにかれも工藤俊一と同じ感慨を記した。

「私は、前半は歴史的に最善のときを過ごし、後半は再び厳しい状態の中にいたことになります[15]」

かつて「三面紅旗」「文化大革命」「批林批孔《ひりんぴこう》」といった大衆運動の展開を中国の新聞が自慢するのに「轟々烈々《ごうごうれつれつ》」と言ったものだった。一九九五年こそまさに「轟々烈々」の反日キャンペーンが吹き荒れたのである。

だが、中国駐在の新聞記者の書いた原稿は、その年の新聞にせいぜい一回載っただけだった。その年にはまた、日本から中共党贔屓《びいき》の人びとが数多く招待されたのだし、企業家の訪中も多かった。かれらもなにも記さなかったのだが、かれらもまた、工藤俊一と同じ気持ちだったにちがいない。そして、中共党は専制支配をつづけていくためには、ここまでやるのかと思ったにちがいないが、だれもそんなことは口にしなかったのである。

その年、一九九五年は日本にとってまことに多難な年だった。

一月十七日に神戸を中心に大地震が起きた。住宅の倒壊による圧死者、四千五百人を含め、六千四百人が死んだ。直接被害額は九兆九千億円に達した。

それから二カ月あと、三月二十日には東京の地下鉄でサリンガスがまかれ、十二人が殺され、およそ五千人が治療を受けることになった。

のちに巨額の財政赤字を生むことになるアメリカのクリントン政権の超円高攻勢はつづいていた。四月十九日に一ドルが七十九円となった。戦後最高の円高だった。そして五月十六日にはオウム真理教の教祖が逮捕された。それから四カ月あと、九月六日にはオウム真理教の信徒に殺害された坂本堤弁護士一家の遺体が発見された。マスメディアはこのような出来事に追われっぱなしだった。

同じ九月、中国では日本憎悪の運動は最高潮を迎えていたのだが、日本国内では、編集者、テレビのプロデューサー、レポーター、新聞の論説委員、評論家はこれになんの関心も払わなかった。

その翌年の一九九六年六月にニコラス・クリストフが説いたことをもういちど記そう。

「中国人の大多数が抱く日本に対する敵意に、大部分の日本人がほとんど気付いていないことに、私は衝撃を受けている」

【出典・注】

1　江沢民と陳希同のことをもう少し述べよう。江は陳の後釜に自分の部下を押し込むのに時間がかかり、陳を法廷に引きだすのにも時間がかかった。陳は一九九五年九月には政治局委員を解任され、一九九七年八月に党籍を剝奪され、一九九八年七月に懲役十六年の実刑判決を受けた。もっとも翌一九九九年には保釈され、自宅軟禁になったのだという。さて、夏慶林《かけいりん》はほとんど子分のいない江沢民の腹心であった。江は一九九六年に夏慶林を北京市長とし、翌一九九七年には北京市党委員会書記、つづいて中央政治局委員、二〇〇二年十一月には中央政治局常務委員とした。

2　『朝日新聞』一九九九年一月二十八日付

3　銭其琛『外交十記』世界知識出版社　二〇〇三年　一九一頁

4　『朝日新聞』一九九五年五月十一日付

5　秦郁彦『現代史の対決』文藝春秋　二〇〇三年　三六～三七頁

6　アラン・ペールフィット　杉辺利英訳『中国が目ざめるとき世界は震撼する（下巻）』白水社一九七四年　一三三～一三四頁

7　『朝日新聞』一九九五年八月十四日付

8　清水美和『中国はなぜ「反日」になったか』一六五頁

9　佐藤嘉恭「日中閣僚の相互訪問で深みのある政治対話を」『東亜』二〇〇二年八月号　三七頁

10 釣魚島は中国の呼び名で、尖閣諸島である。一九七八年四月、中国の百隻の漁船が十日ほどのあいだ尖閣諸島周辺の水域を離れなかったことがある。そのときアジア局長だった中江要介はのちにつぎのように記している。

「私の邪推によれば、これを中央が知らぬ筈はなく、中央の意図は、この事件を惹き起こすことによって、日本側の日中平和友好条約締結への意欲と尖閣諸島への領有権主張の根強さを試そうとしたのではないか。というのも、中国との交渉では、このようなことがしばしば見られたからである」石井明ほか編著『記録と考証　日中国交正常化・日中平和友好条約締結交渉』岩波書店　二〇〇三年　二九八頁

11 外務省経済協力局編『我が国の政府開発援助（上巻）』国際協力推進会　二〇〇一年　三〇七頁

12 甲午戦争は甲午中日戦争であり、日清戦争のことだ。戦いが起きた明治二十七年、一八九四年は干支《かんし》で年を表わすと甲午にあたる。一九九四年七月二十五日は日清戦争開戦百周年記念日にあたったことから、中共党は愛国運動を盛り上げ、翌一九九五年の反日キャンペーンへとつなげた。

13 『人民日報』一九九五年八月十一日付

14 工藤俊一『北京大学　超エリートたちの日本論』講談社　二〇〇三年　二六～二七頁

15 『東亜』二〇〇二年八月号　三二頁

8 江沢民の十三年

「江沢民の子供たち」が増えすぎてしまった

江沢民《こうたくみん》がやったことは、まさに戦いだったとは前に述べてきたとおりだ。一九五八年八月二十三日から十月五日まで最初の四十四日間に、中国軍は四十四万発の砲弾を金《きん》門島《もんとう》に撃ち込んだ。人民公社建設の起爆剤とするのが、毛沢東のその戦いの真の狙いであった。一九七九年に中国軍はベトナム国境で戦い、中国、ベトナムの双方合わせて十二万五千人以上の死傷者をだした。国際石油資本と華人の中国への進出を一日でも早くと望んだのが、鄧小平《とうしょうへい》がその戦いにかけた本心であったことは間違いのないところであろう。

江は「愛国主義教育実施綱要」を公布し、「轟々烈々《ごうごうれつれつ》」の反日キャンペーンをおこなった。毛沢東、鄧小平は細心の注意を払い、戦いが拡大しないように努めたのだが、江は自分の戦いが本物の戦いとはならないことを承知していたから、平然と数カ月もつづけ、そのあともその運動の持続化を図った。なによりも肝心なことは、日本政府、マスメディア、中国専門家までが鳴りをひそめ、日本国民のあらかたはなにひとつ気づいていないのを横目で見て、江沢民は笑いを噛み殺していたにちがいないということだ。そしてニコラス・クリストフが述べたように、「日本に対する中国の敵意は深刻で、ぬぐい去るのには何十年もかかるだろう」と語るとおりのことをしてしまったのである。

これだけのことをしてしまった江沢民が目指したものがなんであったのかを、もういちど見ることにしよう。

毛沢東が金門砲撃の本当の目的に触れなかったように、また鄧小平が対ベトナム戦争がなにを目指したのかなにも言わなかったように、江沢民は反日キャンペーンの狙いがなんであったのかを公式の場で明らかにしたことはなかったし、現在、執筆しているであろう回顧録にも記すことはないと思うが、かれの意図がなんであったのかは、これまでに見てきたとおりだ。

前に述べたことを繰り返そう。

一九六〇年、六一年に、毛沢東が建設を命じた人民公社とかれの農業政策が行き詰まり、二千万人以上の農民が餓死してしまい、その大多数が農村出身の兵士たちの士気が底まで落ちてしまおうとしたとき、国防部長の林彪は兵士に「階級苦」と「民族苦」を思い起こさせ、共産党こそが農民を救ったのだと教え込む、大規模な政治思想工作をおこなった。

それから三十年あと、一九八九年には天安門事件が起き、その年から翌年にかけて、東ヨーロッパとロシアの共産党政権とその共産主義システムは崩壊し、ワルシャワ機構軍は解体し、ソ連自体も瓦解してしまった。

小さな動乱ひとつ起きることなく、体制とイデオロギーのすべてがあっけなく春の雪のように消えてしまったことに、江沢民を含めて、党の幹部たちは恐れおののいた。かれらは国民に「階級苦」と「民族苦」を思い起こさせ、共産党こそが国民を救ったのだと教え込まねばならないと考えた。資本主義への移行にブレーキをかけ、共産党による支配を強化しようとした。だれもそうするのがいちばんよいとは思ってはいなかったが、そうするよりほかはないと考えたのである。

鄧小平がこの逆戻りに怒った。江沢民は階級闘争路線に戻ることを思いとどまり、共産党による支配をつづけながら、資本主義への移行を図ることになった。こうして江は「民族苦」を思い起こさせ、共産党こそが国民を救ったのだと教え込む、戦争にも似た日本を憎む大運動をおこなうことになったのである。

これも前に述べたことだが、ニコラス・クリストフは「新しい統一イデオロギーとして愛国主義を利用しようとする江沢民の努力」と書いた。日本の歴代の中国駐在大使、外務省の中国課長、アジア大洋州局長、これまた歴代の新聞社と通信社の北京支局長、だれもが江沢民がやっていることをはっきり承知し、どうしてそういうことをするのかも知っていた。だが、だれもがなにも見なかったような顔をして、口を閉ざしていた。

クリストフがこの問題を再び取り上げ、江沢民はすべてのメディアを通じておこなっている日本憎悪のキャンペーンをやめねばならないと説いたときにも、日本の評論家や新聞の論説委員は黙ったままだった。中国大使だった人たちは外務省を退任したあとになっても、これについてなにひとつ触れることなく、押し黙ったままだった。

クリストフの言葉をもういちど引用しよう。六回目になる。

「中国人の大多数が抱く日本に対する敵意に、大部分の日本人がほとんど気付いていないことに、私は衝撃を受けている」

じつは、その日本人が衝撃を受けることになる事件が起きた。

クリストフが「私は衝撃を受けている」と書いてから二年あと、一九九八年十一月に江沢民が日本を公式訪問した。宮中晩餐会でのかれの不快な挨拶と態度をテレビの画面で見た日本の大多数の人びとはびっくりした。「われわれはこの痛ましい歴史の教訓を永遠に汲み取らなければなりません」とかれは緊張した面持ちで、ぎこちのない棒読みで、早口で草稿を読み上げたのである。

前に外交官だった岡崎久彦はつぎのように述べた。

「江沢民の言動にたいする憤懣に似た感情が残っている……こうした反感は政、財、官、言論等のあらゆる会合で表明された。財界のある会合では、ひとわたりそれぞれの感想が表明されたあとで一人がいった。『これだけの人が一致して怒っているのだから、これは国民感情といってよいでしょう[1]』」

そこでクリストフが聞いたら、泣き笑いをするにちがいない反応を人びとは示すことになった。江沢民は日本人をどうして嫌いなのだろうとナイーブな疑問を発し、かれが日本を嫌うことになったのは、かれの少年時代に原体験があるのだろうかといった論議を多くの人がしたのである。

この問いに江沢民は胸を張って答えることになるだろう。私は「抗日烈士の遺児」なのだと。だが、少なからずの人が知っているとおり、「抗日烈士」はかれの実父ではなく、義理の父親だった。そしてその義理の父は日本軍に殺されたのではなかった。

かれの義理の父親について、そしてかれのことについて、もう少し語ろう。

江沢民の義理の父はかれの叔父にあたった。江の父親の五番目の弟、末弟だった。江上青《こうじょうせい》といった。これは父親がつけた名前ではない。世《せ》候《こう》が本名だった。江沢民の父親の名は世俊《せしゅん》である。

日本との戦争がはじまって、江上青は江蘇《こうそ》省の揚州《ようしゅう》の家を飛びだし、江蘇省に隣接する安徽《あんき》省の東北部、泗《し》県《けん》を中心とする国民政府の地方官の秘書となった。そのあたりは、小麦、高粱《コーリヤン》、トウモロコシ、さつま芋が主産物のまったくの農村地帯であり、国民政府の軍隊、共産軍、匪賊と呼んでいいような私軍、自警団、日本軍に協力する軍隊がモザイク模様をつくっている地域だった。

江上青が共産党上部機関から与えられた任務は、かれの国民政府の上官が持っている軍隊と共産軍がいがみあうことなく、互いに支配地を分けあい、いざこざを話し合いで解決することだった。

かれを秘書官にした上官が望むところも同じだった。江は党の上部機関からべつの命令を受け、派遣されてきた上海の地下党員を省内東北部の共産党支配地域に書記として送り込むこともした。

そのうちのひとりが上海の交通大学を中途退学した汪道涵《おうどうかん》という青年だった。かれのことはこのあとで述べることになるが、このことから江沢民の経歴が語られるときには、かれの父は安徽省東北部の抗日革命根拠地の創始者ということになった。

そんなある日、江上青が国共間調停の交渉をした帰り、自警団の待ち伏せにあった。警備の一隊を連れていたのだが、馬上のかれは狙撃されて死んだ。一九三九年のことで、かれは二十八歳だった。

かれの妻と二人の娘が遺された。江沢民の父親は弟の家に跡取りがいないことを心配した。次男の沢民を養子にだすことにした。これが沢民にとって最初の幸運となる。かれはそのときに六年制の揚州中学の二年生だった。

共産党幹部は生家が貧しかったと記すのはおきまりである。江沢民の広報資料も、「当時の貧しかった家庭環境」と語ることになる。

しかし、実際はかれの祖父は医者であり、金持ちだった。揚州を中心に揚子江を上下する貨客船を持つ船会社のオーナーのひとりとなって、さらに大きな財産を築いた。付け加えるなら、揚子江岸に接し、大運河との交差点に位置する揚州は上海が開港するまで、揚子江最大の、もっとも繁栄する港であり、塩の集積地だった。江の祖父が船会社をつくったときには、上海が中国最大の港となっていた。江の祖父は詩を好み、書に凝り、絵を描いた。かれの長男である江沢民の父親はこれまた文化人といった生活を送り、生業を持たなかった。

そして江沢民は小学校、中学時代には、ピアノ、ギター、二胡《にこ》を弾き、笛を吹き、『巌窟王』にはじまり、『復活』『戦争と平和』『アンナ・カレーニナ』を読んだ。音楽好き、文学好きな少年だった。

かれが弾く二胡の説明をしておこう。弦が二本の胡琴だから二胡だ。胡琴の長さは八十センチほど、三味線よりずっと小さい。木でつくった小さな胴に革を張り、馬の尾の毛を張った弓を二弦のあいだに差し込んで擦奏する。京劇で使われる楽器だ。十二人の中国人女性がこの二胡を演奏する「女子十二楽坊」は日本でも知られるようになっている。日本でのデビューアルバムは、二〇〇三年末までに百二十万枚売れるという大ヒットとなった。

江沢民のことに戻れば、かれは義理の父となる江上青から政治的薫陶を受けたのだと強調するのだが、はたしてこれは事実であろうか。半ダースもの子供たちのなかにひとり不肖の子がいて、この若者が共産党に加わり、二度も牢屋にぶちこまれた。父親は心配し、母親は泣き、兄たちはとんでもない奴だと怒り、江家の面汚しだと口もきこうとしなかったのではなかったか。病気を理由に出獄できた上清が郷里の中学で国語を教えるようになったのは、蘇州《そしゅう》で声望の高い父親が四方八方頼んで回ってのことだったにちがいない。家庭を持たせれば落ち着くと考え、父親の死のあとのことになるが、母親は気性のいい娘を探して、結婚させもした。だが、この革命児は相変わらず革命を語り、兄たちはこの弟にたいする警戒心をとくことはなかったはずである。

江上青の死を知ったかれの兄たちのなかには、ほっとする者もいたにちがいない。そして江沢民の父は一族の長の務めとして、遺された未亡人のために自分の息子を養子にすることにした。江沢民の実の父親、義理の母親はこの子が勉強家であり、多趣味で、音楽好き、政治に関心のないことを心から喜んだにちがいなかった。

江沢民は一九四三年に南京《ナンキン》中央大学の工学部に入学した。それから半世紀あと、かれが国家主席、中央軍事委員会主席となったときに、かれの経歴が『人民日報』に載った。「一九四三年に地下共産党が指導する学生運動に参加した」と、普通はだれの履歴書にも記すことがないようなことが綴られていて、かれが入学したのが南京中央大学だとは記されていなかった。そして一九四七年に上海交通大学を卒業したと記されていた。(2)

江沢民は南京中央大学の工学部に入学したことを隠していた。かれが総書記に就任してまもなく国外で刊行されたかれの伝記には、かれは一九四三年に上海交通大学電機学部に入学し、一九四七年に卒業し、アメリカ資本のアイスクリーム製造会社に就職したと綴られていた。(3)

汪兆銘《おうちょうめい》政府のお膝元にあった「偽」大学中の「偽」大学、南京中央大学で学んだという学歴は、江にしてみれば、「抗日烈士の遺児」という口上とは裏腹に、家庭環境が非政治的であったこと、かれ自身がずっとノンポリであったこと、そしてなによりも、共産党内で出世の階段を上がってくることができたのは、要領のいいオポチュニストだからだと思われてしまい、まことに都合が悪いと考えたのである。

対日戦が終わって、南京中央大学工学部は上海交通大学に合併されることになり、江沢民は上海交通大学の学生となったことから、入学したのは交通大学だとみせかけることにしたのであろう。

ところで、日本との戦いが終わって一カ月あまりあとの九月末、国民政府は占領されていた地域の「工人」「職員」「学生」が、対日協力者だったか否かの「真」と「偽」を甄別《けんべつ》するための審査をおこない、あわせて思想教育をおこなうといった法令を公布した。

上海の市民にとって、これは容易ならぬ事態だった。中国最大の都市である上海は昨日まで日本の最大の経済センターであったからである。

さて、日本との戦いが終わる直前、日本がポツダム宣言を受諾する気配を察して、共産党はただちに地下組織の上海市党委員会をつくった。のちに日本人にもよく知られることになる呉学謙《ごがくけん》が最高幹部のひとりだった。かれとかれの仲間たちは上海の大学生たちを味方に取り込むことができる絶好の機会だと舌なめずりした。

国民政府がリストに挙げた「偽学校」は上海だけで上海交通大学を筆頭に百校以上にものぼった。ただちに呉は代表的な六つの大学に学生組織をつくらせ、学生連合会を結成させた。そしてかれらに叫ばせたスローガンは、「人民に偽なし」「学生に偽なし」であり、「仕事を奪うな」「学習の権利を奪うな」であった。学生連合会の代表は教育部に請願し、記者会見を開き、デモ行進をおこない、上海市民の同情を求めた。

国民政府の幹部たちは、被占領地を解放したのだから、そのような法令を公布して当たり前のことをしているつもりでいた。かれらはさらに当たり前のことをやった。飛行機で重慶《じゅうけい》から上海にあとからあとからやって来る国民政府の政・党幹部たち、宋美齢《そうびれい》が語ったところの「真の権力を持った」人びとは、上から下まで上海でしたい放題のことをして、これは「敵」の財産だ、それは「偽」の財産だといって、片端から接収し、すべてを自分のものにしてしまっていた。市民たちは怒ったが、逆らうすべがなかった。当然のことながら、市民は同じように国民党に苛《いじ》められている学生たちの味方となった。

国民政府は学生のすべてを敵にまわすことの愚に気づき、一九四六年三月に妥協し、「三民主義」を学習すればよいということで、全学生の学籍は承認する、学校もそのままでよいと譲歩することになった。

だが、そのときまでに上海の学生組織は共産党の有力な支柱となり、交通大学はその中核となってしまった。やがてかれらは共産党の指導のもと、「飢餓反対、内戦反対」の運動をはじめることになる。

そこで江沢民のことに戻る。かれは審査、甄別に反対する運動の先頭にたったのだといわれている(4)。かれは南京中央大学、そして交通大学の二重の「偽学生」だったのだから、頑張って活動したのは当たり前だったと説いた人もいる。

これは事実であろうか。国民政府教育部が南京中央大学の工学部を交通大学に吸収させると決めたのは、一九四六年三月に「偽」大学の学生の審査、甄別を断念したあとのことであったはずである。

さきほどあげた江沢民の経歴には、一九四六年三月に共産党に入党したのだと記してある。これが事実なら、かれはそのときにまだ南京中央大学の学生だったのではないか。それとも南京中央大学の工学部が交通大学に合併吸収され、かれは交通大学の学生になってから、入党したのか。

かれがなにをしたのか、しなかったのか、そうしたことは些細なことだった。かれは中国共産党内でもっとも重要視される血統書、とびきりの血統書を持っていた。党のために力を尽くし、二度も獄につながれ、日本軍と戦って戦死した党書記という父を持っていた。かれはまさしく、「根は赤く、苗はまた正しい」青年だったのである。

かれの第二の幸運は汪道涵に目をかけられたことだ。汪が江上青によって安徽省の県委員会の書記に任命されたことは前に述べた。一九四九年に上海接収の一員となった汪道涵は江上青の遺児と逢った。それからは汪は江のためにポストを世話するようになった。汪の地位が上がれば、江を自分の下に呼び、最後には一九八五年に自分のあとの上海市長としたのである。

つぎに江は上海市長から党総書記になるという第三の幸運に恵まれることになる。

そこで江の特性を「自分の昇進の鍵を握る目上の人物との関係を築き、それを育むことに長けた」と記したのはアメリカ人記者のブルース・ギリーである。かれは中国の研究が専門だ。

ギリーの頭には汪道涵のことだけでなく、李先念《りせんねん》、鄧小平のこともあった。毛沢東、華国鋒《かこくほう》のあと、李と鄧、もうひとり、陳雲《ちんうん》を加えて三元老が中国の支配者だった。江は国家主席の李が上海に置いている第二夫人の面倒をよくみたことから、李にすっかり信頼されたというのは有名な話だった。江沢民を総書記に推薦したのは、李だった。鄧は胡耀邦《こようほう》、つづいて趙紫陽《ちょうしよう》と自分の推挙した二人がつづいて失脚したあとのことであったから、李が推薦する江にしようと思ったのである。

江に三回目の幸運を授けた李先念が、これまたまことに幸運な人物であったことは付け加えておいていいのではないか。十年つづいた文革のあいだ、李はただのいちども攻撃を受けることなく、一九五四年から座っていた副総理の椅子から叩きだされることはなかった。そしていわゆる四人組が倒されたあとになっても、これまたかれは傷つくことがまったくないまま、国家主席に昇進した。

劉少奇《りゅうしょうき》が一九六八年に「永遠ニ党カラ除名」されて、その椅子は消えてしまい、嘘かまことか、林彪《りんぴょう》がその椅子を望んだがために失脚してしまった。そしてその椅子が復活するや、一九八三年から八八年までの一期五年のあいだ、はじめて平穏無事に李はこれに座ったのである。

江沢民はまことに幸運な男だったという話になってしまったが、ここで語ろうとしたのは、江が日本を嫌いになった原因は、少年時代の経験にあったのかという疑問に答えることだった。

江沢民の少年時代を知れば知ったで、どうしてかれは宮中晩餐会であんな態度をとったのだろうと思う人は、いよいよ納得できないにちがいない。

だれもが考えるのは、たとえば今世紀はじめに活躍したフランスの外交官がつぎのように述べた言葉であろう。

「外交においては、自分が正しいと言うだけでは不十分であり、相手に快く思われるということもまた大切である」

もちろん、江沢民がこんなことを知らないはずがなかった。かれが上海市長時代に上海を訪ねる党元老に気に入られようと努力したのは、上海市の幹部たちのだれもが知っていることであった。だからこそ、李先念に可愛がられることにもなったのだとは、述べたばかりのことだ。

そして江沢民は上海市長時代から演技じみた仕種が過剰となるのを意に介することなく、外国からの賓客に英語で詩を吟じてみせ、ロシア語で歌を歌ってみせ、国家主席となって外国に出かけてからも、物おじしないようになれば、同じことをやりつづけた。

一九九六年十一月、フィリピンの大統領のフィデル・ラモスと大統領専用ヨットに乗って、マニラ湾をクルーズしたときには、江沢民はエルビス・プレスリーの『ラブ・ミー・テンダー』を歌ってみせた。ラモスは江に向かって、もっと練習して、ビル・クリントンを驚かせてやるといいと語った。江の英語は発音が悪かったのである。

一九九七年十月にアメリカを公式訪問したときに、かれが『ラブ・ミー・テンダー』を歌ったかどうかは知らないが、クリントンを前にしてリンカーンの演説を暗唱してみせた。ホノルルではスチール・ギターで『アロハオエ』を弾いてみせた。

かれは横にアメリカ人がいれば、そして時間の余裕さえあれば、相手に顔をくっつけ、私は『大草原の小さな家』が好きだと言い、ローラ・インガルスが大好きだとつづけ、ローラは中国にもいますよと語り、精一杯にこやかな顔をしてみせたのである。

かれは党幹部に向かって、「カラオケをする時間を減らして、学習時間を増やせ」と苦言を呈したこともあったのだが、かれ自身は歌の練習は欠かさなかった。中南米を訪問すれば、ご当地ソングを歌うことを忘れなかった。キューバでは、「第二のキューバ国歌」といわれる『グァンタナメラ』をスペイン語で歌ってみせた。

ロシアを訪問すれば、トルストイの生地を訪ね、『アンナ・カレーニナ』の一節をロシア語で暗唱してみせた。かれは一九五五年にモスクワの自動車工場に実習のために派遣され、そのときにロシア語を覚えた。カザフスタンでは、音楽会に出席して、ピアノの伴奏をしてみせた。

ロシア語、ドイツ語、英語だけではない。北京で台湾人の海峡交流基金会理事長の辜《こ》振甫《しんぽ》と会ったときには、日本の民謡の『炭坑節』を歌ってみせもしたのである。

だが、一九九八年十一月にかれが日本を公式訪問したときにはまったく違った。かれは日本人に快く思われようとは考えていなかった。すでに何回も述べたとおり、大部分の日本人は気づいていないことであったが、江沢民は日本と戦いをつづけてきているつもりでいた。

それでも日本を公式訪問するときぐらいは、かれはそれを隠すとか、抑えてもよいはずだった。だが、これも前に記したとおり、政府と世論が鳴りをひそめている日本は、かれにとってこれほど都合のよい敵はなく、二重政策などとる必要はさらさらなかった。かれはいつか日本人をすっかり小馬鹿にするようになっていたのである。

両国間の共同声明の文案をめぐって紛糾が起きるという思ってもみない事態となれば、かれは日本と喧嘩をしてみせてこそ、日本憎悪を教え込んだ国民の喝采を得ることができると考えたのであり、それと比べたら、自分の振る舞いに日本人がどう思おうとタカが知れていると思ったのである。

かれは日本と戦いをつづけていることをつねに忘れなかった。日本の責任ある政治家が、外国人に向かって隣国の悪口を言うことはまずないから見当もつかないことであろうが、江沢民は好意をふりまいてみせる外国の政治家にたいして、日本にたいする非難、悪口を必ず語った。かれは、自分がはじめた戦争の大義はむろんのこと自分の側にあると、宣伝これ努めたのである。

江沢民について、もう少し述べねばならない。

江は幸運に恵まれた政治家だと述べた。幸運といえば、毛沢東も幸運だったたし、鄧小平も幸運に恵まれた。だが、毛沢東も、鄧小平も、幸運を自分の力で勝ち取るというようなところがあった。

江沢民は毛沢東とちがって、その性格は理想を追う夢想家ではなく、独裁的ではなかったし、残忍で、パラノイア的なところもなかった。また鄧小平のように強い権力欲を持ち、そのためにはどんなことでもやるという強固な意志も持ち合わせていなかった。

幸運に恵まれて、党総書記となり、中国の最高指導者となった江沢民がやらねばならなかったのは、鄧小平の指示のとおり、すでに何回も述べてきたとおり、共産党による支配をつづけながら、資本主義へ移行することだった。

そこで鄧小平が承知し、江沢民もまた知っていたことは、資本主義への移行が進めば進むほど、国民にたいする共産党の統制力は弱まっていくことだった。そしてもうひとつ、私的所有、市場経済、利潤、そして資本主義に付随するもろもろの悪のすべてを認めてしまえば、共産党の名誉は失われ、その正統性が維持できなくなってしまうことだった。

江沢民が総書記だった十三年間を振り返ってみよう。

中国共産党は国民を管理、統制するいくつかの手法を持っていた。

鮫島敬治はこれらを中共党の「統治基本三制度」と言い、(5) シェリル・ウーダンは「鉄の三角形」と呼んだ。

鮫島敬治は日本経済研究センターの客員研究委員で、前には新聞社の特派員として中国に常駐したこともある。シェリル・ウーダンは本書で何回もその文章を引用してきたニコラス・クリストフの夫人である。

「統治基本三制度」「鉄の三角形」とは「戸籍」「単位」「档案《タンアン》」の三つである。

戸籍制度は毛沢東の農業集団化政策の産物であり、共産党のもっとも堅固な、そして冷酷無情な制度のひとつであった。

この制度がつくられたのは、農業生産合作社をつくりはじめてからのことだった。合作社に組み入れられた農民は、協同作業をするのを嫌って、都市へ逃れるようになった。一九五七年には河南《かなん》省のある村では百人近い農民が村を捨て、残ったのは合作社の隊長と副隊長の二人だけになってしまったという記録もある。党はいくつもの規定をつくり、実力で都市へ逃れた農民を故郷に送還した。そして合作社を人民公社にしてしまうことになる一九五八年には、「戸籍登記条例」を公布し、農村に生まれた者の都市への移住を厳しく禁止してしまった。

こうして、農民と都市住民の身分は生まれた時点で決まってしまい、都市に住む者は就業機会、教育機会もあり、医療、年金といった社会保障もあるのにひきかえ、農民は自給と自弁に頼るしかなくなった。

それこそ間違って都市に住む者が農村に住む者と結婚してしまったら、永遠の別居生活を強いられることになった。もっとも、そんなことはまず起こりえなかった。二〇〇三年八月に結婚、離婚の「登記条例」が改められ、届け制となる前までは、結婚するにも、離婚するにも、職場の認可が必要だったからである。

移住は都市から都市へ移るのも厳しく、たとえば広州《こうしゅう》から重慶の職場に移りたい人は、重慶から広州に移りたい人を探さねばならず、交換が義務づけられていた。

「統治基本三制度」の二つ目の単位とは、政府、党機関、部隊、企業といった職場である。「鉄の三角形」の要《かなめ》となっているのが単位だとシェリル・ウーダンは言った。職場は住宅を供給してくれ、医療の世話をしてくれ、出産から葬儀までの面倒をみてくれる。大きな職場なら学校も抱えている。そして、結婚するのも、子供をつくるのも、旅行をするのも、職場の許可がいる。こうして個人生活は細部にわたって監視され、私生活まで厳しい管理下に置かれてきた。各単位の党委員会書記は絶大な力を持つことにもなったのである。

档案は極秘の個人情報ファイルだ。個人の出身、階級成分、社会関係、過去の過ち、問題点が記録されたものが二部あって、都市に住む者は職場と地元の警察がそれぞれ管理してきた。

だが、「鉄の三角形」は一九八〇年代に入ってから崩れはじめ、九〇年代には三角の形をなさなくなった。

毛沢東がつくりあげた体制は政治的、経済的な権力を一手に収めることにあり、すべての国民を単一組織のなかに抑えこむことであった。それがいまでは集団農場を解体してしまって、村の党幹部は完全に力を失い、国営企業は四千万人以上の従業員を解雇してしまって、党が労働者を掌握する力は弱まった。

二〇〇一年には国有企業に勤めている者よりも、私営企業の従業員と自営業者の数のほうが多くなってしまった。そして膨大な一時的労働者が農村から沿岸地帯の都市に流れ込んだ。二〇〇二年には農村から都市への出稼ぎ労働者の数は九千五百万人から一億人にのぼったのである。

都市と農村のあいだに絶対的な隔壁があってこそ、戸籍制度は有効だったのであり、単位と档案の威力はそれぞれの職場の党の委員会、党細胞が睨みをきかしてこそだった。

前に述べたとおり、党は毛沢東理論も、マルクス主義理論も捨ててしまって、党の行動をイデオロギー面から美化することができなくなってしまい、党書記はだれにも有無を言わせない、公正、平等な社会をつくるのだという倫理的優越感を持てなくなってしまった。共産党はプロレタリアートの代表者としての権利を持つのか、それとも、だれの代表者なのかという、党にとってもっとも重要な命題をめぐって論争が起きるようにもなってしまっている。

党の中央政治局の常務委員を筆頭に党書記たちは、単純な権威主義的な哲学の信奉者となってしまっている。おまけにかれらが「真の権力」を握り、腐敗と不正が党全体にひろがってしまえば、党の存在そのものへの不信、反感は大きくなるばかりとなる。

「腐敗堕落した」国民党のあとに「腐敗堕落した」共産党が居座ることになったのであれば、共産党が唱えつづけた大義は地に落ち、あの「大殺戮」はなんであったのかということになる。国民政府と中共党の内戦による五千万人の犠牲者はどうして必要だったのかという疑問が起きよう。「中華民族を復興」させたのは共産党だと胸を張ろうとすれば、それなら一九五八年からの大躍進運動、一九六六年からの文化大革命は、すべて共産党がやったことではなかったのか、農業集団化の三十年の強制と悲劇はなんだったのかと、最下級の党員ですら抗議することになる。それより前の内戦時期の土地革命、反革命の鎮圧、建国初期の三反五反運動(6)といった冷酷、残酷な闘争も、すべて誤りではなかったのかとだれもが考えよう。

党の国民を管理、掌握する力が弛緩しつづけ、党の国民にたいする威信は薄れつづけたのが、江沢民の十三年だった。

ところが、かれは辞任するにあたって、意気軒昂だった。二〇〇二年十一月に開かれた中国共産党の大会で、かれは「小康《シアオカン》」という言葉を何回も口にした。「小康」という言葉を最初に使ったのは鄧小平だった。一九七九年のことである。江沢民は自分の治世のあいだに人びとの生活が全般的に「温飽《ウエンパオ》」から「小康」の水準に歴史的飛躍を成し遂げたのだと自賛した。「温飽」とは、なんとか食べていける暮らしという意味だ。小康を保つとは、日本では、病気が少しよくなりかけることを指し、世のなかが一時治まるといった意味となるが、もともとの意味は違う。「大同《タアトン》」という繁栄した理想の社会にはとても及ばないながら、安定し、いくらか余裕のある水準が「小康社会」なのである。そこで「小康之家」とは中産階級のことになる。

そして江はこのさき「小康社会を全面的に建設する」のだと述べ、翌日の『人民日報』が紙面いっぱいに大きな横見出しを二頁にわたって掲げたのが、「全面建設小康社会」の文字だった。(7)

江沢民は大会の演説では言わなかったが、かれの十三年は愛国主義にはじまり、愛国主義に終わった。一九九四年の日清戦争百周年から、一九九五年の日本憎悪の大キャンペーン、一九九七年の香港の中国返還、一九九九年の建国五十周年記念の祝賀、二十一世紀は中国の世紀だと宣伝しての二〇〇一年のミレニアムの祝いまで、大きな勢いの山を何回もつくりながら、持久力を持たせつづけることで、中国を救ったのは中国共産党だ、中華民族の興隆に努めたのは中国共産党なのだということを国民ひとりひとりに教え込んだ。

このことは言っておかねばならない。ニコラス・クリストフの恐れは杞憂に終わった。江沢民はその十三年のあいだに、かれが国民にたたき込んだ愛国主義の力に突き動かされて、尖閣諸島を攻撃するといったことはしなかった。毛沢東の戦争、鄧小平の戦争を手本にして、どこまではやっていいのか、決してやってはいけないことはなにかを、江沢民ははっきり承知していたのである。

かれの目標はただひとつ、日本憎悪の運動を展開して、日本と日本人にたいする恨みと憎しみをつねに培養することによって、党こそが中国と中華民族を仇敵、日本から救ってみせたのだと国民を教化することによって、国民を掌握する力を取り戻し、党の落ちようとする威信を確保することにあった。そして江はこの偉大な、輝かしい党の傘下にだれもが結集しなければならないのだと説き、複数政党制は絶対に許さないと言いつづけ、自主的な農業組合、労働組合の結成をも許さないできた。その結果、かれのその十三年のあいだ、小さな騒乱は村で起き、都市で起き、その数は数えきれないほどであったが、大きな動乱に発展することはなかった。

引退した江沢民は改めて思っていよう。とうの昔に賞味期限が切れた「地主・富農」といった敵の代わりに、日本というまことに都合のよい敵を正面に据えたからこそ、党は正統性と結束を維持でき、「小康社会」へ足を踏みだすことができ、エリザベス・エコノミーが語った「労働者と農民の大きな組織的な挑戦」に見舞われることなく、政治改革を迫られるという危険な事態に陥ることがなかったのであると。

エリザベス・エコノミーは、アメリカ外交問題評議会の研究員である。彼女はつぎのように述べた。

「これまで中国の指導部は、抗議のすべてに個々に対応することで、ひとつひとつの火を消すことができた。だが、私はひとつのシナリオを思い描いている。全中国の労働者と農民のおびただしい抗議が、たとえばインターネットによって結ばれて、指導部にたいしてはるかに大きな組織的な挑戦をするようになることだ」[8]

だが、差し当たって、江沢民のあとの党指導部が懸念し、手を焼くことになるのは、これこそ江沢民が十三年のあいだにつくりあげてしまった、反日の激情あふれる「江沢民の子供たち」であり、かれらがインターネットを利用し、反日を合言葉にして「団結」するネットパワーであろう。

いまとなって、党指導部のうちのだれひとり、これを反日教育の見事な成果だと喜んではいまい。「江沢民の子供たち」は中国共産党への積極的な帰属意識を持って、このような行動をとっているのではなく、共産党への熱烈な支持を表明して、反日を叫びたてているのでもなく、かれらのフラストレーション、ヒステリー、加虐症を表に噴きださせているだけなのである。

引退した江沢民は、かつてはかれが目の敵にした宗教団体の法輪功《ほうりんこう》を、一九八〇年代のポーランドの自主管理労組「連帯」にたとえたものだが、[9] いまは自分がつくりあげてしまった「江沢民の子供たち」が第二の義和団になるのではないかという不安のほうが強いはずである。

「江沢民の子供たち」が育つより前のことになるが、NHKの北京特派員だった大崎雄二が天安門事件の直前、一九八九年五月に北京大学構内で、モンゴルの独立を取り消せといったたぐいの失地回復を書き立てた大字報を見て、これは義和団の再来かと暗い思いを抱いたことは前に記した。

義和団について述べておこう。一九〇〇年、排外・反政府を叫んで蜂起した民衆が、ドイツ公使、日本公使館員を殺害し、各国の公使館を包囲したことから、列国は連合軍を組織し、天津《てんしん》、北京を攻略した。そしてこの事件が大清国滅亡の第一歩となったのである。

【出典・注】

1 岡崎久彦「江沢民主席訪日の失敗」『Ｖｏｉｃｅ』一九九九年二月号　一一二〜一一三頁

2 『人民日報』一九九三年三月二十八日付

3 常愷　莫邦富訳『江沢民と朱鎔基』河出書房新社　一九九三年　三五頁

4 楊中美『江沢民伝』時事文化出版企業　一九九六年　五五頁

5 鮫島敬治・日本経済研究センター『中国リスク　高成長の落とし穴』日本経済新聞社　二〇〇三年　ii頁

6 三反五反運動は朝鮮戦争中におこなわれた。一九五一年から三反運動、つづいて五反運動が実施された。中身にたいした変わりはない。中共党の支配から二年、三年が経過した都市の私営の商工業者を締め上げる運動だった。北京から広州までの九大都市だけで四十五万人の商工業者を審査し、「脱税、国家資材の窃取、工事の誤魔化し」を調べ、摘発し、資産を没収したのである。

7 『人民日報』二〇〇二年十一月九日付

8 Elizabeth Economy, “China's New Leader Could Prove a Political Reformer”, Foreign Affairs, 2003

9 『時事通信』香港発　二〇〇〇年二月十二日付

9 われわれの希望、胡耀邦の存在があったこと

「つぎの第二世代、第三世代である三十年間、六十年間の友好を維持し、保障することを考えるべきだ」…………一九八三年十月三日　胡耀邦

江沢民《こうたくみん》がやったことはすでに述べた。それはほとんど戦いといってよいものであったことも記した。中国の年若い世代に日本を憎ませようとした戦いだった。向こう一世代、二世代さきの日中関係にまで、とてつもなく大きな影響を与えることになる戦いを江沢民はしてしまった。

だが、中国にも、一九八〇年代には、日本人への憎しみの感情を小学生からたたき込もうとするような政策の実施を望まなかった政治家がいた。

一九八〇年代のことを述べるのだから、ほんとうは、第五章の「日本人にたいする憎悪を育て

る」の前、第四章の「『真の権力』を握って」の前、第二章の「学生デモが政府に民主化を求めたとき」の前に記さなければならなかったのだが、江沢民だけでなく、こういう人物がいたことを知ってもらいたいと思って、最後にもってきた。

一九八〇年代のその政治家とはだれか。中国についていささかの関心を持つ人であれば、その政治家は胡耀邦《こようほう》であろうと言うにちがいない。

そのとおり、胡耀邦である。

胡耀邦が一九八九年四月十五日に没したことは前に触れた。それが天安門事件の導火線となったことも前に記した。かれは少なからぬ日本人にいまも敬愛される政治家であり、いまなお中国人のあいだで敬愛される政治家なのである。

なぜかれは敬愛されるのか。中国共産党の指導者のなかで、党内改革派の筆頭であり、党の統治をつづけるために目に見える敵をつくるといったやり方を捨てようとした最初の指導者がかれだったからである。

胡耀邦のことは北京に駐在したことのある新聞記者も忘れていない。加藤千洋は、一九八四年から一九八八年まで北京に常駐し、再び一九九六年から二〇〇〇年まで北京にいた『朝日新聞』の記者である。

かれは、一九九八年七月十日の『中国信息報』に胡耀邦の特集記事が載っているのにびっくりした。胡耀邦が没して九年がたっていた。かれのことが新聞や書籍に載ることがほとんどないことを加藤は承知していた。ところが、その新聞が三ページにわたって大特集を掲載したことにかれは注目し、早速、東京に書き送った。翌日の『朝日新聞』にそれは掲載された。

加藤千洋はつぎのように書いた。

「政治改革や思想解放の進め方をめぐって鄧小平《とうしょうへい》氏と対立し、党総書記の職務を追われた故・胡耀邦氏を高く評価する特集記事が、十日付の中国紙に登場した」

そして加藤は「鄧小平氏と対立し」た理由について、「八六年末に発生した全国規模の学生デモへの対処が手ぬるいと批判され、八七年初めに辞任に追い込まれた。八九年四月に心臓病で急逝すると、民主化運動にも理解を示した指導者として追悼活動が盛り上がり、それが六月の天安門事件につながった」と記した。つづけて加藤はその特集からつぎのように引用した。

「『胡耀邦の人格の力』と題し、胡氏は一人の共産党員として『清廉潔白だった』と評し、指導者としても『不正を嫌い、私腹を肥やすことはなかった』とたたえている。

さらに総書記となっても家族を含めて質素な生活を心がけ、豪華な宴会や贈り物は謝絶し、親族が自分の名を使って利益や、地位を得たりすることを厳禁し、湖南《こなん》省の古里を特別視せず、全国の貧困地区を選んで視察したことが、具体例で解説されている。

胡耀邦氏は指導者としての心掛けを問われた際、『常に人民の脈拍を感じることだ』と答えている」[1]

香港で刊行されている『争鳴』の二〇〇二年十月号に、「大城市突現緬懐胡耀邦熱潮」と題して、つぎのような記事が載っていた。すなわち北京、天津《てんしん》、瀋陽《しんよう》、済南《せいなん》、西安《せいあん》といった大都市で、期せずして胡耀邦の研究会が開かれ、胡耀邦を「人民の公僕」「人民を愛した領袖」「真の共産党員らしい品格を持っていた」と称賛したと伝えている。

まだ胡耀邦が元気で、党総書記だったときのものだが、かれのことを紹介した記事がある。もうひとつ引用しよう。

書いたのは、一九八〇年から八一年までこれも『朝日新聞』の北京特派員だった船橋洋一である。かれは「胡総書記のホンネ演説」と題し、つぎのように記した。

「中国の最高指導者胡耀邦総書記は、党幹部だけが出席する重要会議でどんな発言をしているのだろうか。本音を語るこの種のものはなかなか表に出てこないが、このほど、八〇年秋の『思想政治工作座談会』と『党中央規律検査委員会』での同総書記の演説内容がわかった……その一部を紹介すると——

【自己批判】文革中、われわれが互いに作り合った傷跡をどうするかを考えてほしい。これは文革中に過ちを犯した人にどう対処するかという問題と関連している。当然、過ちの性格はそれぞれ違う。一点の過ちもない人は余りいない。百人に一人か二人だろう。私も文革中の一時期、誤りがあった。六八年十月、〃解放〃されてから（胡氏は六七年一月打倒されたが、この時一時復活した）、党の第八期第十二回中央委総会に参加した際、劉少奇《りゆうしようき》氏の党籍はく奪について、私も（賛成の）手を挙げてしまった。たった一人だけ手を挙げなかった人がいた。それは陳少敏《ちんしようびん》同志（一九一一年生まれ、新四軍旅団長を務めた女性軍人）だ。表決の時、彼女は机に突っ伏した。これはすばらしいことだった。

【恋愛映画】この数年、多くの優秀な文芸作品があらわれたが、恋愛ものがやや多すぎる。まるで恋愛がなければ創作ができないかのようだ。また一部の作品は恋愛を無理やり書き加えている。心を動かされる事物はたくさんあるではないか。『ああ、海軍』（日本映画）のような規模の大きな戦争映画を作れないのか。『日本海大海戦』（同）には、恋愛物語は少しも入っていないが独自の軍事思想がある。『激動の百年史』という本は日本民族が百年にわたりいかに発奮して自強をはかってきたかを書いたもので、良く書けている」(2)

船橋洋一の党総書記胡耀邦への期待の気持ちは現在なお読者に理解できるし、加藤千洋が胡耀邦を惜しむ気持ちも読者に伝わってくる。もうしばらく胡耀邦について語ろう。

毛沢東の死のあとから振り返ってみよう。毛の全遺産を相続したのは華国鋒《かこくほう》だった。かれは江青《こうせい》を筆頭とするいわゆる四人組を叩きだしたひとりだった。だが、華自身を含めて、それこそ四人組の残党といっていいような仲間だけで統治をつづけるのは難しいとかれ自身思ったのであろう。懸念はあったが、味方にすれば頼もしい鄧小平に再登場を求めた。鄧は華に忠誠を誓うといった内容の証文を差しだすのと引き換えに、党、政府、軍の副主席、副総理の地位に就いた。毛の死のあと一年足らず、一九七七年七月のことだった。

華国鋒は自分の力では制御できない大物を陣営に引き入れてしまったのだが、かれを追い詰めたのは鄧に協力した男だった。

胡耀邦である。鄧よりも十一歳年下だった。胡は三十年以上にわたって鄧に協力してともに仕事をしてきた。文革はじめに鄧とともに追放された。付け加えておけば、前に触れたように林彪《りんぴょう》と鄧小平は仲が悪かった。鄧が、かつての東北王、高崗《こうかん》追放事件(3)の処理をしたとき、林彪をも処罰したからである。文革がはじまって、林彪は復讐した。そこで林彪の死のあとに、鄧小平は復活できたのである。

ところが、胡は鄧とともに再び追放された。当然だった。「科学院総合報告要項」といった文書が江青一派の指導部の怒りを買った。文革を批判し、毛沢東その人とわかる人物を攻撃した内容だったからである。執筆者は科学院副秘書長といった軽いポストに置かれていた胡だった。

毛の死、江青らの追放のあとに三たび復活した胡耀邦は、文革中に痛めつけられ、一家離散し、家庭を失い、家族を失った党幹部たちの「平反」、すなわち名誉の回復を要求する文章を『人民日報』に発表した。かれは中央組織部長となり、全国で党員冤罪《えんざい》事件の再審をはじめた。

かれは中央党学校の責任者ともなり、ここを政治改革の論議をする場としてしまい、「毛主席の決定のすべてを断固支持し、毛主席の指示のすべてを終始一貫守る」と定めた華国鋒政権の基本路線を批判し、これをぶち壊す世論をつくり、壁新聞、地下出版物に声援を送った。これが華国鋒の権威をずるずると突き崩してしまった。

鄧小平、胡耀邦が復活して一年あと、一九七八年十二月には華国鋒は事実上力を失った。中国の最高権力者となったのは鄧小平である。鄧と胡の二人がやろうとしたのは、毛沢東が残したものを捨ててしまうことだった。胡が先頭に立ち、鄧をひっぱる形となった。

胡は文革中の犠牲者の名誉回復をつづけたが、さらにかれは「右派分子」のレッテルを外すことに踏みきった。

右派分子なるものがつくられたのは一九五七年である。その年に毛沢東は言論の自由を説き、自由に喋ってくれと言った。ところが、かれは知識人たちが自分を批判しはじめたことに憤激した。そしてかれら知識人を「右派」と名づけ、反右派闘争を開始した。

余計なことを付け加えれば、これをやったのがそのときに総書記だった鄧小平だった。高崗を追放する作業のすべてを仕切ったのも鄧だった。鄧はこの二つをなし遂げたことで、毛沢東の信頼をかちとり、最高幹部となったのである。

一九五七年に「ブルジョア右派分子」のレッテルを貼られた者は五十五万人にものぼった。「病を治して人を救う」は毛の十八番《おはこ》のはずであったが、監獄をでてきて、労働改造隊から戻ってきても、右派分子は右派分子のままだった。かれらの子弟もまた、進学、兵役、就学で差別を受けることになった。そして文化大革命がはじまり、若者たちが天下御免の正義心を発露するといった状況がつづき、残酷な苛《いじ》めがおこなわれ、かれらはひときわひどい迫害を受けたのである。

胡耀邦はかれらのレッテルをはがした。家族、親族、ときには友人までが同じレッテルを貼られていたから、およそ一千万人が解放されることになった[4]。

さらに胡は右派分子よりいっそう哀れな「地主・富農」をも解放した。「地主・富農」こそ、毛沢東統治下の中国の目に見える敵の筆頭であった。いつでも大多数の人びとの憎しみを喚起することができる敵とされていた。毛沢東のこの最大の財産を胡は投げ捨てた。

これについてもう少し説明しよう。

鄧小平が地方と中央の党幹部にマルクス主義、毛沢東思想の放棄と引き換えに「真の権力」を与えてしまったことはすでに述べた。こうして、地方と中央の党幹部の子弟と親族は「改革・開放」の進展のなかで経済成長の最大の受益者となり、どこの国にも負けない少数の富裕階級を形成してしまっている。

これを見て、毛沢東が統治した時代は国民のだれもが貧しいながらも平等だったのだと昔を懐かしむ人もいよう。だが、毛沢東時代は実際にはまことに封建的な時代であり、その数は多くなかったが、毛沢東は自分の手でしっかり二等国民をつくりあげてしまっていたのである。

すなわち「ブルジョア右派分子」、そして「地主・富農分子」を賤民の扱いにし、地主、富農の家庭出身であれば、その子供たちをも厳しく差別したのである。

毛沢東が語った言葉を見よう。かれは一九五八年九月五日の最高国務院会議で演説し、人民公社を全国でつくるようにと命じたのだが、そのなかでつぎのように言った。

「われわれの隊列の外にはなお、『地主、富農、反革命分子、悪質分子、右派分子』がおり、これはすべて対立面である」(5)

毛沢東のこのような講話を聞いていた党の幹部たちのなかに、ある虚偽意識を感じた者はいなかったのであろうか。日本の中国研究者はどうであったのか。いや、だれもが疑うどころではなかった。なんの疑問も抱かなかったのである。

だが、すでに土地革命は一九四八年、四九年、五〇年には終わっていた。文革時代のことと同様、あとになれば、だれひとり語りたがらないようになるのだが、多くの地主と富農を絞首刑にし、生き埋めにし、打ち首にし、その祖先の墓を暴いたのだった。

余計な話をするなら、土地改革で終わるところを、残虐な土地革命にするようにと指導したのは康生《こうせい》だった。のちに文革がはじまって、これまた残酷な闘争を指揮した人物でもある。だが、この「中国のベリヤ」と呼ばれた男の背後にはいつも毛沢東がいた。思いだすのは、レーニンがヴォールガ高地にあるペーンザ州の党幹部に電報を打ち、「百里四方の住民が震え上がるように少なくとも百人」の富農《クラーク》を絞首刑にせよと命じたことであろう。

中共党は土地革命を生き延びた地主や富農をずっと差別しつづけた。一九五八年になってもなお毛沢東は、「地主・富農」は「隊列の外」の者だと言った。とうの昔に土地を失い、屋敷を奪われ、痛めつけられたその少数の人びとが、そのとき集団化に反対する力があるはずはなかったのだし、人民公社建設を妨げる敵となるはずもなかった。本当なら毛沢東は、旧貧農も、旧中農も、旧富農も、旧地主も、いまは違いはまったくない、すべての人びとは力を合わせて人民公社建設のために頑張ろう、そして皆は人民公社の平等な社員になるのだと説いて当然なはずであった。

ところが、毛沢東はそんなことはこれっぽっちも考えていなかった。「地主・富農」を人民公社の社員にする考えは毛頭なかったのだ。

では、農民たちはどう考えていたのであろう。だれもが承知していたのは、「地主・富農」は共産党に報復する気力などあるはずはなく、自分たちに歯向かう力もなければ、公社建設に反対などするはずもないということだった。

だが、農民が繰り返し教えられていたことがあった。あの「地主・富農」を助け、かれらの土地を取り戻してやろうとする邪悪な勢力の存在があるということだ。台湾に逃げた地主党の大親玉の蔣介石《しょうかいせき》、そしてその背後には帝国主義アメリカがいるのだと。

だからこそ、毛沢東は金門島《きんもんとう》への砲撃を命じ、その島に弾薬と食糧を運ぼうとする台湾軍をアメリカ海軍が支援するのを待った。アメリカをその戦いに引き出すのに成功すれば、アメリカは「われわれの隊列の外」にいる敵を助けようと動きだしたのだとだれにも理解させることができたのである。

「地主・富農」をずっと「隊列の外」に置き、目に見える少数の敵をつくることで、大多数のほかの者たちを団結させるというやり方、前にも繰り返し述べたとおり、これこそが毛沢東の大衆路線の神髄だった。

毛沢東が死んで二年と四カ月あと、胡耀邦は毛沢東のもっとも重要な遺産に手をつけた。

党中央は一九七九年一月、「地主・富農分子ノレッテルヲ外ス問題、地主・富農分子ノ子供ノ出自ノ問題ニツイテノ決定」を定め、地主・富農が「二十年カラ三十年ノ労働改造ヲ経テ、ソノウチノ絶対多数ハ自分ノ力デ生活スル労働者ニナッテイル」のだから、そのレッテルを外し、人民公社員の待遇を与えると決めた。そしてかれらの子供も人民公社の社員とし、差別をしないことにすると決めた。

そのとき、一九七九年にはまだ人民公社は廃止されていなかったのである。

多くの党幹部が「地主・富農」「右派分子」からそのレッテルを外すことに反対しなかった理由は前に記した。文革のあいだに党幹部たちのすべては「階級闘争」で痛めつけられ、「右派」だ、「走資派」だ、「反党反社会主義の黒幇《フェイバン》分子」だ、「叛徒」だ、「内奸」だと気儘《きまま》にレッテルを貼られ、かれらの妻から子供までが迫害を受け、そこではじめて、自分たちがどれだけひどいことを過去にしてきたかが骨身にしみてわかったからなのである。

だが、党が「地主・富農」「右派」といった党の支配の維持に必要な、目に見える敵を捨ててしまったら、国民を管理する能力までを一緒に捨ててしまうことになるのではないかという不安は、当然ながら党の幹部、すべての胸中にあった。毛沢東の遺産を一から十まで捨ててしまって、中共党の威信をどうやって維持できるのかという大きな懸念がべつにあった。

このさきどのような「政治思想工作」をおこなうのか、鄧小平がそっと考え、ほかの党長老がそれしかないと思っていたことは、何回も記したとおり、「民族苦」を国民に教え、日本を敵とすることであった。

だが、二重戦術をとらなければならなかった。日本との経済関係を拡大していかなければならなかった。日本を敵とする大々的な宣伝をおこなうことは避けた。そうではあっても、日本とのあいだに周期的にいざこざをつくり、敵は日本であることを国民にゆっくり教え、近くにある敵をつくっていこうとした。そして一九八五年までに、第二、第三の「収租院《しゅうそいん》」をつくることも決めた。

収租院についての説明をしておこう。

収租院とはかつて四川《しせん》省の大邑《だいゆう》県の大地主だった劉文彩《りゅうぶんさい》の小作料取り立て処のことだ。「両憶三査《りょうおくさんさ》」の運動のことは前に記したが、軍隊ではじめられたこの運動は兵営の外にでて、学校、職場でもおこなわれるようになった。一九六五年にこの収租院に百体を超す等身大の泥人形を並べた。党が四川美術学院の学生たちに製作させたのである。そこで収租院は「階級闘争」「階級苦」のそれこそ「教育基地」となった。小作料の不足を埋めるために孫娘を売り渡した盲目の老農夫、地主の手先に殴り倒される貧しい農夫、重い袋を担いだ病気の青年の泥人形が広い収租院のなかに置かれた。見学者は地下の水牢に入れられた哀れな貧しい小作人の運命に涙ぐみ、悪魔のような「悪覇《あくは》地主」に激しい憎しみを抱いたのである。

念のために付け加えておけば、劉文彩は一代で成り上がった大金持ちで、どちらかといえば開明的な、まずまず温厚な地主だったのであり、毛沢東時代が終われば、恐怖の収租院から水牢その他のつくりものはなくなり、旧時代の歴史を保存する文物館に形を変えることになったのである。

さて、一九八五年の対日戦勝利四十周年を記念してつくるのは、「階級苦」を教え込む収租院ではなく、「民族苦」を教え込むための収租院だった。

一九八〇年代のはじめ、変化を恐れ、なにをしていいのかわからない党長老と幹部たちがやらなければいけないと執着したのが、もうひとつ、「精神汚染の清除」運動だった。鄧小平もそのときにはその運動が必要だと思った。一九八三年十月の中央委員全体会議でこれが決まった。

なにをするのかといえば、いつの世でも、どこでも似たりよったりだった。論文を調べ、ゲラ刷りから原稿まで点検して、ブルジョア文化に汚染されていないか、反党的な立場をとっていないかを検閲した。庶民向けの禁止事項も定めた。町内会や職場では、男が長髪だったり女性の髪が肩までとどいてはいけないという指示をだした。パーマ、ハイヒールの女性が市政府に入ることを許さないとの貼り紙を貼った。前にも記したことだが、テレサ・テンの歌を全面禁止することにした。軍隊では文芸書を読んではいけないと命令をだした。そのかわりに、その年の七月にでたばかりの『鄧小平文選』を読むことを奨励した。

一九八〇年二月に中央政治局常務委員となり、新設の中央書記処の書記となって、一九八二年九月には中央総書記となった胡耀邦は、党長老が反発するのを恐れ、この「精神汚染の清除」運動をはじめるときには反対しなかった。だが、早々に打ち切ってしまう考えだった。この運動はたちまちうやむやのうちに立ち消えとなった。

さきに言ってしまうなら、一九八七年一月、胡耀邦が総書記のポストから解任させられることになった会議で、保守派の党長老のひとり、薄一波《はくいっぱ》が胡を批判した。その内容を『毎日新聞』はつぎのように伝えた。

「(薄は) 胡耀邦氏のこの精神汚染一掃運動に関連し、(胡が)『ブルジョア的自由化反対は言わないほうがいい』と発言して運動にブレーキを掛けた、と指摘、このため運動が停滞する一方、自由化傾向が拡大し、今回の学生デモの根本原因となったとして、胡氏を糾弾した。鄧氏はまた、党内保守派主導でおこなわれた精神汚染一掃運動は『正しかった』と総括した(6)」

薄一波が「今回の学生デモ」と言ったのは、一九八六年十二月から一九八七年一月はじめにかけて、上海、北京、ほかの都市の大学生が抗議行動にでたことを指している。学生たちは党の政治改革を支持し、保守派の官僚の打倒を叫び、知識階級の生活改善を求めた。しかし、このデモと請願運動はさほどの混乱なく終わったのである。

一九八三年、八四年に戻れば、胡耀邦は「精神汚染の清除」運動に反対し、それを潰してしまった。どのみち、男も女も、洗い晒《ざら》しの人民服を着て、「紅宝書」と呼ばれた『毛主席語録』を手にするだけの時代ではなくなっていた。その運動は潰れるべくして潰れたのである。

胡耀邦は、鄧小平がそっと考え、ほかの党長老がそれをやるしかないと思っていた政治思想工作、日本を憎悪の象徴にしてしまう運動にも反対だった。かれは日本との関係を緊密にしようとした。

なぜ、胡は日本との和解を活性化しようとしたのか。

かれは江沢民と違って、「抗日烈士の遺児」ではなかった。小学校時代からピアノを弾き、二胡《にこ》やギターを弾くこともなかったし、南京中央大学工学部に学ぶ機会もなかった。

胡耀邦が湖南省の初級中学二年生だったとき、一九二七年五月、朱徳《しゅとく》、毛沢東、彭徳懐《ほうとくかい》の農民軍が湖南で蜂起した。農民軍は省都の長沙《ちょうさ》を囲んだ。この戦いのために胡の学校は休校となった。十五歳だった胡は共産主義青年団に加わった。九月にはその暴動は鎮圧されてしまったが、かれはすでに家を飛びだしていた。かれは江西《こうせい》省の根拠地で党活動をし、長征に参加した。十九歳だった。そして日本との戦いのあいだは「太行《たいこう》山区」(7)の根拠地で政治委員だったこともある。戦争の残酷さは知り尽くしていたのだし、日本にたいする敵愾心、憎しみは胸中にずっとあった。

そのようなかれが、根っからの親日派なんかであるはずはなかった。そしてかれが当然ながら承知していたはずのことは、愛国主義を唱え、国民に憎しみを教え込み、団結を図るのは、もっとも容易で、しかも効果のある方法だということだった。

「地主、富農」の代役に日本を割り当てる。村の片隅に置かせた哀れな地主や富農を攻撃するのではなく、一九七五年に死んでしまった台湾の蔣介石を糾弾したり、アメリカ帝国主義をひきだしてこなくても、どんなにでも憎々しく、どんなにでも醜悪に描きだせることができる日本を利用する。教科書問題、靖国神社参拝問題、あるいは防衛費が一パーセント枠を突破したと言って、つねに日本をひきだして攻撃を加え、近くにいる敵とする。それが効果的な方法だと胡は承知していた。

だが、胡耀邦は憎しみを政策の基本に置こうとしなかった。「右派分子」「地主、富農」といった憎しみを喚起するためにつくられた階級をまっさきに廃止しようと呼びかけたのはかれだった。毛沢東の統治システムであった「隊列の外」に置いた敵を、ほかのだれとも同じ平等な国民にしてしまったのがかれだった。

かれは外国を敵とすることにも反対だったのである。かれは日本とのあいだに協調システムをつくろうとした。

そのときに日本の政治指導者は中曾根康弘だった。かれは一九八二年十一月から一九八七年十一月まで首相だった。当然ながら、かれもまた日本と中国との和解を望み、これを主要な外交目標とした。かれは胡耀邦とのパートナーシップの重要性を認識し、この関係を強化し、日中関係を良好なものにしようとした。

付け加えるなら、胡は一九一五年十一月の生まれ、中曾根は一九一八年五月の生まれ、二人がはじめて会った一九八〇年には、胡は六十四歳、中曾根は六十一歳だった。

中曾根康弘はのちにつぎのように語った。(8)

「そう、個人の資格で、八〇年の春、天野光晴君や原健三郎君など、六、七人で中国に行って、華国鋒さんや鄧小平さんに会ったのですが、そのとき、人民大会堂で全国中央委員会があって、鄧小平さんが、『中曾根さんに会わせたいのが二人いる』と、会場の外で二人の政治家に会わせた。それが胡耀邦と趙紫陽でした。『次の時代を取り仕切っていくのはこの二人だ。あなたに紹介しておくから仲良くやってくれ』と、そういう話でした。『こっち(胡耀邦)が党で、こっち(趙紫陽)が内閣です』と、そういいましたね。

胡耀邦さんは、自由主義的な改革・開放主義でしたから、日本というものを重要視しました。だから、私も、胡耀邦さんを大事にしないといけないというわけで大歓迎して、国会でも演説してもらいました。中国の政治家で国会で演説したのはかれがはじめてだったと思いますよ。

それで、二人で会談をやったときに、それまでの『平和友好、互恵平等、長期安定』という三原則に、私は、『相互信頼』というのを加えたいと提案した。『これからの日中間にはいろいろ問題が起こるだろうし、疑心暗鬼もあるだろう。しかし、互いに信じ合ってその信頼に応えるよう誠意を持ってやれば問題はすべて克服できる』と。そうしたら、胡耀邦さんは目を丸くして、『それはいい提案だ』と、すぐに賛成したね。それ以来、四原則になった」

中曽根はそのためにやったことも語った。

「大平さんは日中友好病院をつくったが、私は、日中青年交流センターをつくりました。一〇〇億円ぐらいかかりましたが、胡耀邦さんはえらいよろこびました。かれは共産主義青年団の出身でしたから。また、そこが私のねらいでもあったのです。向こうの青年団と交流し、青年同士のチャンネルをつくっておいた方が長期的友好のために必要だと思って、『日本は資金を出すから、中国は土地を出しなさい』といったら、胡耀邦さんが北京空港と市街の間の恰好の場所を提供して、いいものができました。その鍬入れ式には私も行きました」

「それから、青年の交流をやろうと持ちかけましたよ。すると、胡耀邦さんは『わが方は日本の青年を三〇〇〇人招待する』といって、現に三〇〇〇人を招待しましたね。広州とか、上海とか、船でいくつかに分かれて行って、そのあとみんな北京に集まってイベントをやったんですよ。宿舎の手配から、輸送から何まで、たいへんだったと思いますよ」

それは一九八四年九月から十月のことだった。

いよいよ帰国することになる三千人の日本の青年が別れを惜しむ光景を見ていたひとりの日本人がいた。かれはつぎのように語った。

「その若者たちが日本に帰るとき、中国の若者と互いに別れを惜しんだのですが、涙を流している若者の多くは日本人でした。中国の若者も別れを惜しんでいるけれども日本人ほどウエットではない」

その人は国慶節に天安門広場で日中の青年たちの大交歓会がおこなわれたときには観客席にいた。そして隣にはヨーロッパの某国の大使が座っていて、皮肉っぽくつぎのように言ったとも語っている。

「こんなに友好が盛り上がって日中関係はすごいですね。あれだけの大戦争をし、日本は中国に損害を与えて恨みがいろいろ残っているはずなのに、こんな上手に友好関係を打ち立てるというのは信じられない、本当に長続きするのかどうかを見てみたいものだ」

その人は、「そのときは『そう言われればそうだな』という気だったのです」と語った。[9]

「そう言われればそうだな」と思ったと語ったのは、そのときに中国駐在大使だった中江要介である。かれは一九八四年八月から一九八七年十一月まで中国に駐在した。

一九八四年十月、中江が「ウエット」と形容した三千人の青年が知らなかったとしても、かれにはそれ以前から承知していたこと、知っていなければいけなかったこと、そしてどうしたらよいかと考えなければいけなかったことがいくつもあった。

こういうことである。

胡耀邦は一九八三年十月三日、訪中した日本の報道界編集局長、報道局長の十三人に向かって、自分の訪日の目標を語り、「つぎの第二世代、第三世代である三十年間、六十年間の友好を維持し、保障することを考えるべきだ」⑩と説いた。その後、東京を訪れた胡は十一月二十五日に国会で演説し、「若い世代の友好往来をいっそう強めていくため、ともに努力すべきだと思うのであります」と説き、その翌日には、代々木のNHKホールで演説し、「来年九月か十月に日本の青年三千人を中国に一週間招待する」と約束した。

中国共産党幹部のなかで、胡はだれよりも青年と関係が深かった。かれは初級中学生のときに党活動をはじめて以来、それこそ一九三〇年代から一九六六年に文革がはじまるまで、ずっと共産主義青年団とかかわりを持ちつづけた。当然ながら、かれの部下の多くは「共青団」育ちだった。たとえば、二〇〇二年十一月に党総書記となり、二〇〇三年はじめに国家主席となった胡錦濤《こきんとう》もかれの側近のひとりだった。

こうしたわけで、胡耀邦は日本で経済協力を説くのと同時に、若者の往来を活発にしようと呼びかけ、相互の信頼関係の構築を両国青年の交流に求めたのである。

そして約束どおり三千人の招待はおこなわれたのだが、その前から胡総書記と党長老たちとのあいだに不協和音があることを北京の日本大使館は知っていた。つぎの年、一九八五年には日本が中国人青年三千人を招待して当然なはずであった。なぜかそのような気配はなかった。日本側の関係者が知るようになったことは、胡耀邦のすることなすことに目くじらをたて、隙あればとうかがっている党の保守勢力と長老たちが、胡耀邦のこの三千人の問題にも白い目を向けていることだった。日本政府は胡耀邦の立場や、かれの路線を守ろうとして、教科書問題その他、中国が持ちだす面倒な問題が起きれば、どうにかして中国側の意に沿うように片付けようと無理な努力をつづけていたのだった。

中国駐在大使、中江要介のことに戻る。かれが中国を訪問した三千人の青年のための最後の催しを見ながら欧州某国の大使なる人物のいわくありげな言いぐさを聞いたのであれば、この男は中国首脳部内の対日政策をめぐっての対立があることも聞き知っている、南京《ナンキン》をはじめ、中国各地で対日戦に関係する記念館、記念碑の建造がはじまっていることも承知している、日本と仲良くしようと考える党総書記と日本を敵としなければならないと考える勢力がぶつかりあっていることも知っていて、そんな思わせぶりなことを言っているのだとうなずいて当然のはずであった。

ところが、中江要介はさきに引用した談話のなかで、「翌年、靖国問題があって（招待された）三千人の若者が声を上げないのを見たとき」と言って、なぜかここで観客席の隣にいた欧州の大使なる人物を褒めたたえ、「やっぱり欧州の外交官は、外交関係を見るのに客観的で冷静で、涙を流したり何かするようなことではないのだとつくづく思ったことでした」と、あたかも他人事《ひとごと》であるかのような感想を語ったのである。

日本の三千人の青年のために弁解するなら、かれらはひとつの教示のもとで行動する専制党の青年団員ではなかったということである。それでも、かれらが一致して望んでいたことがある。つぎには中国の青年三千人を日本に招待することになる、そしてこの相互訪問の計画は何年、何十年にもわたってつづくことになるだろう、であるなら自分たちはこの行事にできるかぎりずっと協力していこうと願っていたのである。だが、そうなることはなく、そうしたことを中国側が望んでいないことを知って、だれもがひどく失望したのである。

そこでかれらがそのあとに覚《さと》ったことは、ある国に住む人びととべつの国に住む人びとが相互のあいだに築く友情と信頼は、それぞれの国にある音楽や文学、美術、趣味の同好会、スポーツクラブ、高校、大学、ビジネス団体の自発的な交流、秘密警察の邪魔が入らない自由な交流といった、時間をかけて築かれるネットワークの上にのみ生まれるということだったのである。

それから二年少しあと、中国の党指導部はその三千人の問題を取り上げた。

一九八七年一月、胡耀邦が総書記のポストを事実上解任されることになった会議でのことだった。精神汚染一掃運動を潰してしまったとして、かれがその会議で非難されたことは前に記した。

精神汚染一掃運動の問題を取り上げ、胡を非難したのは薄一波であった。三千人の問題を取り上げたのは鄧小平だった。

胡の辞任の公報がでて一週間あとの一月二十三日付の『読売新聞』は「中国の信頼できる情報

筋」から、鄧中央顧問委員会主任がこの会議で演説した六項目の胡耀邦批判の内容を掲げた。そのひとつとして胡が独断で三千人の日本青年を中国に招いたことを鄧は非難した。

そして胡のもうひとつの罪状もまた、かれの独断専行なるものだった。かれが辞任させられるより二カ月前の一九八六年十一月に「党中央に相談せず、個人の賓客として中曾根首相を中国に招いたこと」を鄧小平は挙げた。

鄧小平が「それはけしからぬ」と語った理由は、中江要介が語ったようなことではなかった。どういうわけか、中江はさきの談話で三千人の日本の青年にたいしては「ウエットだ」といって叱責を浴びせ、一方で欧州の外交官にたいしては奇妙な敬意を払ってみせ、これまた「まことに残念なことに」と言うこともなく、「中曾根総理は最初のところは上手にやったのですけれども、後がちょっとまずかったですね。靖国神社参拝が一番象徴的です」と批評し、さらにつづけてかれにたいする批判を繰り返したのである。

だが、『読売新聞』は胡耀邦のこの会議での発言をつぎのように伝えている。

「胡氏は中曾根首相を招いた理由として、日中友好関係が最も良い状態にあり、国内の情勢も良いと説明した」

鄧小平はこれに反駁できなかった。なぜなら、かれは靖国神社参拝の問題を取り上げることができなかったのである。たしかに中曾根首相は一九八五年に靖国神社に参拝したが、翌一九八六年には参拝を断念していたからだ。むろんのこと、これは中江もはっきり承知していたはずのことである。

中曾根は一九八六年のことをのちにつぎのように語っている。

「安倍晋太郎君を中国にやって、呉学謙外交部長と、靖国参拝の問題を討議させたら、避けてほしいという感触だった。それで、もう少し確かめてみようと思って、新日鉄の稲山さんが、中国に商用で行かれるというので、これはいいチャンスだと思って、稲山さんに、靖国参拝について中国の本音を聞いてきてくれるよう頼みました。

稲山さんの報告では、稲山さんが帰国する前日の朝六時ごろ、谷牧《こくぼく》さん（党書記）と万里《ばんり》さん（党書記、副首相）が宿舎に訪ねてきて、深刻な顔で、『一般戦没者の慰霊はよいことだが、靖国神社には中国を侵略した戦犯が祀《まつ》られている。だから、靖国参拝は中国人民の心を傷つけ日本の世界イメージを落とす。その上、中国の内政に大きな影響を与え、胡耀邦総書記といえども何もいうことはできず、私たちも困った立場に立たされるからぜひとも中止してくれるよう中曾根さんに伝えてほしい』といってきました。朝早く、万里さんと谷牧さんが宿舎までくるというのはよっぽど深刻な情況だったんでしょうね。『中国の内政にひじょうな影響を与える様子のところをみると、これは保守派が巻き返しにでてきたな。きっと胡耀邦さんがその標的になるだろう。かれのような開明的で親日的な政治家が失脚するのは、世界と日本に甚大な損害を与えるだろう』と思いました。それで靖国参拝をやめました」

故耀邦が「日中友好関係が最も良い状態」であると述べたことに反駁できなかった鄧小平は胡に

向かって、つぎのような言いがかりをつけたのだった。

「中曾根首相を招いて、どんな仕事をしたのか。何もしなかったのではないか」

言いがかりといえば、三千人招待の問題については、首相の趙紫陽《ちょうしよう》が鄧小平の尻馬にのった。「国務院の各部門から日本語スタッフを動員し、大混乱させ、経済発展に悪い影響を与えた」と胡を非難した。

もちろん、三千人もの日本の青年に中国をしっかり理解してもらい、中国と親しくなってもらうことを考えれば、国務院の些細な対日事務の停滞など取るに足りないことだと言うことだって当然できたのである。

ところで、胡耀邦が没したあと、天安門事件のあとのこと、恐らくは一九九二年はじめに鄧が深《しん》圳《せん》、珠海《しゅかい》の輸出向けの製造工場を見て回ったあとのことだと思う。鄧は万里に向かって、胡耀邦批判は行き過ぎだったと何回も語ったのだという。

胡耀邦が総書記だったとき、万里は中央書記処で胡のつぎの地位にいて、胡啓立《こけいりつ》の上にいた。万里と胡啓立はともに急進的な改革派であり、胡に協力していた。

万里もまた胡耀邦と同じく、鄧小平の部下だった。文革がはじまって、鄧が叩かれたとき、胡耀邦、万里、そして呉晗《ごがん》は鄧の秘密路線、鄧の秘密派閥だと非難攻撃された。毛沢東を間接的に批判した『海瑞罷官《かいずいひかん》』の戯曲を書いた呉晗は哀れをきわめた。かれは清華大学の歴史学者だった。日本との戦いのあいだは昆明《こんめい》の西南連合大学で教え、民主同盟設立のときからの会員だった。北京の副市長だったが、文革のあいだ激しい糾弾にあい、かれは医療を拒んで死を選んだ。かれの妻、娘、兄弟は殺された。

万里のことに戻れば、鄧の晩年の病状を何回か発表したのがかれであったことからわかるように、かれは年老いた鄧に最後まで信頼されていた。鄧が万里に語ったことはかれの本心であったことは間違いない。鄧は万里に向かって、「一部の同志の胡耀邦批判は行き過ぎがあった。ある者には批判の動機に問題があった。会議は行き過ぎがあった」[11]と語った。深い後悔があってのことだったにちがいない。

一九八七年一月の合法性を欠いた非公式の会議で、党の長老たちは胡耀邦を辞任に追い込んだのだが、六項目の批判のうち、かれらが最初に取り上げたのは、派閥をつくっていたという批判だった。毛沢東時代からお馴染みのもっとも安易な攻撃方法だった。

胡のチベット政策も非難された。かれが漢族幹部を批判したために、漢族とチベット族間の矛盾が激しくなったというのだ。胡は一九八〇年五月に代表団を率いてチベットと青海《せいかい》省を訪問し、毛沢東時代の極左路線を批判した。これが地方幹部に恨まれ、かれらの親分に仇を打たれたのである。

経済政策にも誤りがあったと批判された。国務院の趙紫陽は中央書記局の胡、万里、胡啓立の急進路線につねに反対した。一九八五年に第七次五カ年計画策定にあたり、趙紫陽の計画案が中央書記局によって変更させられたことを怒っていたのである。

また一九八六年一月に胡は重大な経済犯罪の摘発運動の展開を命じ、「百件の重大犯罪をあばけ」

と主張したことから、数字合わせのために、地方の幹部、幹部の子弟が罪をきせられ、大きな混乱を引き起こしたと糾弾された。これまた逮捕者をだした部下を抱える党長老の復讐だった。

胡が一九八六年五月に四川《しせん》省で開いた会議で幹部の退休制度を提案したことも取り上げられた。地方で混乱を生じたのだと胡を非難した。

のちに鄧小平が万里に向かって、胡耀邦批判は行き過ぎだったと何回も語ったというのは、そのとおりであったにちがいない。どれも胡耀邦に誤りがあったというほどのものではなかった。

前にも記したことだが、鄧小平は胡耀邦のあとをついていくといったようなところがあった。伝統的思考に凝り固まった長老たちもまた、やったことのないことには強い拒絶反応があった。そしてかれらにはイデオローグとタカ派の応援があった。加えて、これこそもっとも肝心なことなのだが、胡耀邦が幹部の終身制を廃止し、幹部の特権を制限しようとしたことが、かれらの怒りを買っていた。

外部の観察者は、鄧小平が保守長老グループの攻撃に囲まれ、尻尾切りをしたのだ、諸葛孔明が「泣いて馬謖《ばしょく》を斬る」思いで、鄧小平は胡耀邦を解任したのだと記した(12)。

では鄧が、胡耀邦が日本の青年三千人を招待し、中曾根首相を招いたこと、この二つを取り上げたのは、彭真《ほうしん》や薄一波、胡喬木《こきょうぼく》その他の党長老の強い圧力に負け、かれもまた胡を批判しなければならなくなり、そんなことを言ってしまったということなのだろうか。

態度を決めかねていた鄧は彭真に胸を押され、薄一波に背を押されて、態度を決めざるをえなくなっていたのは事実であろう。だが、胡耀邦を切り捨てる以外にないと決意したのは、日本と真の和解を進めようとした胡はまさに「行き過ぎ」たのであり、それを許すことはできないと鄧は思っていたからである。

一九八七年一月十六日、中共中央政治局拡大会議の公報が発表され、胡耀邦が総書記を辞任したことが明らかにされた。中国共産党の流儀でいけば、それだけで十分なはずであった。

ところが、胡耀邦失脚の理由がなんであったのかを日本に告げようとする試みが、わざわざなされた。極秘のスタンプが押されているはずの何号文件といった文書の中身が日本の記者に明かされた。ご丁寧にもそれが二回おこなわれた。

前にも記したとおり、公報発表から一週間あとの一月二十三日付の『読売新聞』は「中国の信頼できる情報筋」から、鄧中央顧問委員会主任が演説したという六項目の胡耀邦批判の内容を掲げた。それから三日あとの一月二十六日の『毎日新聞』は共同通信からの配信を載せ、「信頼できる複数の中国筋」から聞いた胡耀邦の六つの罪状なるものを掲載した。

鄧小平が会議で喋った演説の内容を日本の記者に洩らしたというのは、鄧自身の許可があってのことだったと考えるのが順当であろう。

のちに久留米大学教授の小竹一彰は、それまで党の指導者の解任、降格に対外問題との関連が公式に指摘されたことはほとんどないと述べ、つぎのようにつづけた。

「対ソ関係が大きな作用をしていたと思われる高崗、彭徳懐、劉少奇の失脚[13]にも、その理由として対外問題に触れていない。ところが、胡耀邦の失脚には対外関係の誤りが指摘されたのは過去にないことだ」[14]

胡耀邦失脚の理由を最初に報道した『読売新聞』の松永成太郎特派員はその文章をつぎのように締めくくった。

「胡氏の対日政策が批判されたことにより、対日政策が引き締めに向かうことは確実とみられる」

鄧小平は胡耀邦がその地位から追われた理由が日本に接近しすぎたからだということを日本側にわざわざ示してみせた。鄧小平は部下たちに日本の政治家と親しくすることは許さないと教えただけでなく、日本の政治家に向かって、私の部下に手をだすな、仲良くしようとしたりするなと警告し、日本側のあらゆる希望を打ち砕いてしまったのである。

二〇〇二年十二月二十四日の『朝日新聞』に北京駐在の栗原健太郎はつぎのように記した。「八〇年代半ば、当時の中曾根康弘首相と親しかった胡耀邦総書記が失脚して以来、日本が中国の指導層と個人的パイプを築けた例は見当たらない」

胡耀邦の話はこれでお終いである。ひとつだけ付け加えなければならない。

胡耀邦は「隊列の外」の敵をつくらないという基本姿勢をとることで、どのような政治プロセスを進め、どのような中国社会の眺望を描いていたのであろう。

胡耀邦はしっかりしたビジョンを持っていたのだ、「この二十年間で最も重要な政治改革プラン」を実行しようとしていたのだと語るのは、愛知大学現代中国学部長で、現代中国のすぐれた研究者である加々美光行である。かれはつぎのように述べた。

胡耀邦の研究スタッフは政治改革プランをつくっていた。

第一は「党政分離」である。司法と行政の二つの権力機構から党の指導を切り離す。

第二は「党企分離」である。労働組合と経営組織の双方から党支部を撤退させる。

第三は「情報公開」だ。国防と外交に関する機密以外のすべての情報を公開する。

加々美はこの改革案は一九八〇年につくられたのだと語り、この画期的な改革方案は実現できないで終わったのだと述べた。

当然だった。このような急進的な改革を実行するためには、党指導部の団結が不可欠であったが、当時はそうした状況から遠かった。

一九八六年九月に胡耀邦はその改革方案の第二項目、「党企分離」を追求し、すべての生産単位から党委員会の指導権を排除しようとしたのだが、鄧小平が潰してしまったのだと加々美は述べた⑮。

政治リスクがあまりにも大きすぎると鄧は判断したのであろうか。

胡耀邦の政治改革の全計画は、すべての政府機関と事業体に党委員会、党細胞を置くといったレーニンが考案した党による二重管理のシステムを壊そうとしたものであり、まずは最初に無能なイデオロギー管理者を企業から追い払おうとすることだった。

一九八七年一月の会議で胡耀邦を叩きだしてやろうと手ぐすねをひいていた党長老たちがこの問題を取り上げることをしなかったのは、かれらがもっとも警戒しなければならないはずの平和裡に政体の転覆を企む、「和平演変」の大陰謀を胡が意図していたことを知らなかったためなのであろうか。

そしてそのとき鄧小平がそれに触れなかったのは、その急進的な改革計画を口にするのは避けねばならぬ、旧弊、保守的な政敵にさらなる攻め道具を与えるだけのことになると警戒したからだったのであろうか。そして党の責任分野、守備範囲を狭めなければならないと、そのときには鄧も思っていたのかもしれない。

天安門事件のあとになれば、万里がこうしたことを明かすはずはなかった。そして胡耀邦はといえば、同胞にたいして、そしてまた、つながりを深めねばならない隣国の日本人に語るべき多くを持ちながら、急逝してしまった。

もういちど、振り返るなら、胡耀邦は「隊列の外」の敵をつくろうとはしなかった。かれが指導者でありつづけたなら、率先して党の独裁を縮小する道を選ぶことになったのは間違いないことであったと私は思う。

加々美光行もそう考えるのであろう。

【出典・注】

1　『朝日新聞』一九九八年七月十一日付
2　『朝日新聞』一九八三年三月二十一日付

3　高崗は一九五四年二月に分派活動をしたと非難されて追放され、自殺することになるのだが、いまだにすべては明らかにされていない。ハリソン・ソールスベリーという『ニューヨーク・タイムズ』の記者は、スターリンとベリヤが高崗にたいして、自分たちに従うなら、満洲に「独立王国」を与えると約束したのではないかと推測し、ソ連でベリヤが逮捕、処刑されたあと、高崗とその仲間が逮捕されたのだろうと述べたことがある。一九四九年の建国のとき、高崗は事実上、東北の支配者であり、中央人民政府の六人の副主席のひとりだった。かれは中央財政計画委員会の主席となり、一九五二年末に東北の瀋陽から北京へ移った。毛沢東は高崗が周恩来と争うように仕向け、最後に高崗を裏切ったのだと言われているのだが、これも明らかではない。

4　馬立誠、凌志軍　伏見茂訳『交鋒　改革・開放をめぐる党内闘争の内幕』中央公論新社　一九九九年　一〇二頁

5　『毛沢東思想万歳（上）』三一〇頁

6　『毎日新聞』一九八七年一月二十六日付

7　太行山区は太行山脈と重なる。太行山脈は河北省と山西省とのあいだの千メートル前後の山がつづく山脈であり、前面は広大な河北平原、後ろは黄土高原へとつづく。華北最初の共産党の解放区である。ここにある西柏坡という小さな村には北京に入城する前の毛沢東の党中央機関があったことで知られる。党総書記となった胡錦濤が二〇〇二年秋にはじめての地方視察でこの革命聖地を訪ねている。

8　中曾根康弘『天地有情』文藝春秋　一九九六年　四六一～四六四頁

9　中江要介「胡耀邦が支えた日中友好」『東亜』二〇〇二年八月号　一五頁

10　『朝日新聞』一九八三年十月四日付

11　羅冰「鄧小平自承五大錯」『争鳴』一九九五年一二号　二三頁

12　矢吹晋『鄧小平』講談社　一九九三年　一二一頁
13　彭徳懐は一九五九年八月に開かれたいわゆる盧山会議で、毛沢東が遮二無二進めていた人民公社運動を批判した。毛は激しく怒り、彭を解任、追放した。その月十六日付の「彭徳懐を中心とする反党集団に関する決議」はその内容はもちろん、その存在も公けにされなかったが、それから八年あと、文革中の一九六七年の同じ八月十六日に公表された。彭は「高崗らと反党同盟を結成した」と、どのように解釈していいのかわからない罪状が記されていた。その公表につづいて、『人民日報』の社説は彭をつぎのように攻撃した。「かれの反党活動は中国のフルシチョフが黒幕になっているばかりでなく、ソ連のフルシチョフが支持し活を入れた。彭徳懐が盧山会議におどりだしたあと、ソ連のフルシチョフは公然と恥知らずにも彭徳懐は『正しく』『勇敢』で、かれは『もっともいい友人』だと持ち上げた。事実は非常にはっきりしており、彭徳懐こそはフルシチョフ修正主義者と手を握り、わが国のプロレタリア独裁を転覆するために外に内通した者だ」
　そして軍の機関紙『解放軍報』は、彭が軍の最新の科学技術の発展をフルシチョフ修正主義集団に依存しようとしたと非難したのである。『人民日報』の論文が「中国のフルシチョフ」と言っているのは、劉少奇を指していた。実名の攻撃に踏みだす前のことだったのだが、それより十一日前、かれと夫人は天安門広場の十万人集会に引き出され、殴られ、血を流していたのである。かれが「中国のフルシチョフ」と罵倒された理由は、同じ時期の『紅旗』によるなら、かれが一九六二年一月の党中央工作拡大会議で彭徳懐の名誉回復を図ろうとしたためだったという。そして劉と彭はともに悲惨きわまりない死を遂げた。二人が名誉回復されたのは、毛沢東の死のあとのことになる。
14　『原典中国現代史（第8巻）日中関係』二八二頁
15　加々美光行　聞き手・緒形康「二十年の政治体制改革とは何だったのか」『中国二一』一九九九年三月号　二七～三〇頁

10 われわれはどうしたらよいのか

「政府は、中国若年層の嫌日感情のもとになっている中国国内の教育の在り方について、中国政府と率直な協議を行うべきである」…………二〇〇二年十一月二十八日　対外関係タスクフォース

なぜだれもが沈黙を守ったのか

この本の最初で、中国に常駐したことのある新聞記者、高井潔司、信太謙三、上村幸治、船橋洋一のそれぞれの著書をあげ、一九九四年に公布された「愛国主義教育実施綱要」について、また翌九五年の日本憎悪を教え込む大キャンペーンについて、なにも記述していないことを記し、かれらはこうした出来事は些細なことと見過ごしてしまい、論述するには及ばないと考えたのであろうか

と疑問を呈した。

もちろん、かれらはこれらのことに注意を払っていたのであり、重大なことだと思っていたのだとあとで私は記した。かれらを沈黙に追い込んだのは、あまりの不快さ、そして「和平演変」を阻止して、政権を維持するためにここまでやるのかというもうひとつの不快感が重なってのことにちがいないと前に述べた。

だが、だれもが沈黙を守ってきたことについては、もう少し語らねばならないことがある。

船橋洋一は『世界を読み解く事典』のなかで、一九九五年の中国については、その年九月二十二日号の週刊誌に載せた「北京国連女性会議」を再録しただけだったことは前に記したが、のちにかれはつぎのように語っている。

「九二年に、上海で天皇陛下のクルマの後を中国人が追って手を振るとか、まあ、ヤラセだとは思うけれども、それも含めて、一種の決着を、あそこまで演出した。

しかし、これが三年ももたなかった。九五年になると、また歴史問題が一気に噴き出して、中国全土の小学校の体育館に南京虐殺の写真をパーッと貼らせるという大キャンペーンが行われた。あのときは、さすがの外務省のチャイナ・スクールも、中国というのは難しい、このやり方ではもうダメかもしれないと絶望感に駆られた。今も基本的に、その状況は続いている」(1)

船橋洋一は鼎談のなかでそこまで喋った。だが、この日本を代表する国際問題の評論家は中国共産党がどうしてそのような「大キャンペーン」をやることになったのかについては、なにも語らなかった。

前に述べたとおり、中国駐在大使を勤めた人びともまた、本当のことはなにひとつ語っていない。佐藤嘉恭は国廣道彦の「不運な後任」であったと私は前に記したのだが、一九九五年三月に中国駐在大使となり、一九九八年五月までつづけた。「中国全土の小学校の体育館に南京虐殺の写真をパーッと貼らせるという大キャンペーンが行われ」、「外務省のチャイナ・スクール」の人びとは「絶望感に駆られた」と船橋洋一は語ったのだが、その「チャイナ・スクール」のなかには当然ながらこの佐藤もいたはずである。

かれはその恐ろしいばかりの大キャンペーンがあった年のことをつぎのように述べる。「まさに戦後五十年というのは、そういう意味でも村山政権であったことが幸いしたということがあったと思いますね。九五年五月でしたか、村山総理が北京に来られたときには、日中双方ともあまり緊張感のない首脳のやり取りでした。ある意味では珍しいですね」(2)

大使官邸に飼われている猫に語らせでもしたかのようなことを喋ってみせた佐藤にしても、大使だったかれが外務省の首脳や政府与党の幹部と会ったときには、中国の独裁党が想像を絶する大規模な日本憎悪の運動をどうしておこなったのかを説明し、その運動は日中関係の基盤そのものを壊してしまうことになるだろうとの懸念を吐露したこともあったのではないかと私は思っている。

そこで後藤田正晴のことをもういちど取り上げるが、かれはこうしたことをすべて承知していたはずであったから、ニコラス・クリストフの文章を読んだあとに中国論を書くことになれば、つぎのように記してもなんの不思議もなかったのである。

「私は警察庁長官をやめて官房副長官になったのは一九七二年だった。そのときの首相、田中角栄氏に請われてのことだった。中国との国交回復はその年に実現した。それから四分の一世紀になる。日中関係はこのあいだに経済面を見れば想像を越えての進展があった。だが、両国民相互の信頼感は深まるどころか、かえって悪化し、まことに困った状態になってしまっている。あるいはクリストフ記者が語ったとおり、中国人の日本にたいする恨みの感情が半減するのにはもう四分の一世紀が必要なのかもしれない」

ところが、後藤田は前にも記したとおり、「中国は知れば知るほど奥の深い大国だ」と綴っただけなのである。それから七年あとのことになるが、自民党の代議士、加藤紘一は毎日新聞記者の「日中関係の現状をどう見ていますか」といった質問を受けたが、これにたいする答えはつぎのようなものである。

「日中関係は今、決して理想的な姿ではありません。中国経済が独り勝ち状態なので、仕事が奪われたりして日本人のフラストレーションがたまっていると思います(3)」

加藤紘一もまた、後藤田正晴と同じであり、もっとも重大な問題には口を拭った。

政党の幹部、政府首脳、外務省、そしてマスメディアまでが、中国の専制党が自分の党のために隣国を利用する阿漕《あこぎ》なやり方、敵国だった日本にたいする憎悪を小学生、中学生から教え込み、断続的に現在の日本を非難攻撃することで、われわれが叩きつぶした日本が再び中国侵略を密かに意図しているのだと国民に教え、国民の激情を喚起して、党の支配体制への支持を集める大義にするといった方法にたいして、沈黙を守るのをしきたりとしてきたのである。

佐藤嘉恭、後藤田正晴、加藤紘一だけではなかった。イデオロギーのしがらみと無縁で、冷静な歴史学者、地政学の戦略家がなにも言わなかった。

不思議なことであった。日本にもまた、言っていいことはここまでだぞと強面《こわもて》で宣言し、異論を取り締まる強大な機関があって、その中央宣伝部なるものがこの指示を守れと新聞社、大学、出版社、研究所に命じ、個人ひとりひとりにまでぐっと睨みをきかしてきたかのようであった。

政府とメディアは一九八〇年代の韓国のこれまたすさまじい反日教育に困惑するばかりで、傍観者的な態度をつづけ、表立った行動をとらなかったという前歴がある。政府とメディアはそれを踏襲しただけのことだったのであろうか。

自民党の外交部会の閉ざされた会議室で、あるいは外務省内の小さなオフィスで、そしてまた新聞社内の個室の会話のなかで、どのような説明、どのような弁解がされてきたのであろう。

私は密室のそうした会議や非公開の文書、秘密の指示をなにも知らない。推測するだけなのだが、この人たちの説明、弁解はつぎのようなことになるのであろう。

中国を国際秩序に組み入れ、国際的平和と繁栄から利益を得るような国にすることが、日本と世界にとって利益となるのだから、中国共産党が支配維持のためにやっていることには目をつぶるのが賢明ではないのか。日本は中国の現政府に経済協力をつづけていかなければならない。

中国を孤立主義の穴蔵に逆戻りさせないように、私企業体制と自由貿易体制を根づかせるようにすることが、日本、アメリカ、台湾、韓国から東南アジアの国々にとって望ましい。中共党が「地主・富農」の代わりに日本を主敵にしてしまっていることにはもうしばらく黙っているしかない。現在、日本が正面切って喧嘩をしても、中国の政治指導者に第二の胡耀邦《こようほう》が登場する可能性はありえないのではないか。

このような理解と判断を外務次官から北京駐在の特派員までが分け合って、歴代の政府とメディアは中国の専制党がおこなってきた小学生、中学生に日本憎悪を教え込むことになにも言わず、中国が不連続的に日本を非難攻撃してきたのが、すべて一貫して国内向けの宣伝であることを承知しながら、反論、反駁をしようとしなかった理由なのであろう。その結果、日本に来た江沢民《こうたくみん》がまことに居丈高な態度をとったことに、なにも知らない人はびっくりして、江の少年時代の体験に原因があるのだろうかと思うことになる始末だった。

なにはともあれ、「中国人の大多数が抱く日本に対する敵意に、大部分の日本人がほとんど気付いていないこと」が幸いして、政府は中国にたいして開発援助をおこない、公的資金による資金協力を進め、企業は投資を進めることになったのである。日本の政府とメディアが沈黙を守ってきたことは、中国を国際秩序に組み込むことにたしかに大きく役立った。

どのように中国は国際秩序に組み込まれたのであろう。

中国の共産政権は建国以来、国際システムの枠組みのなかで活動しようと考えたことはなかった。

経済建設は自給自足を原則とし、指導者はつねに資本主義陣営にたいする警戒と戦争のための準備を説き、重工業の建設を目指し、もちろんのこと、中央統制経済を押し進めた。

一九五〇年代には、旧満洲、東北が中国経済のダイナモといった存在だった。日本が建設した製鋼所を中心とする重工業設備が残っていた。毛沢東、鄧小平《とうしょうへい》のあとの一九九〇年代に党中央政治局常務委員だった人たちは、建国直後の一九五〇年代にはいずれも東北で働いていた。

江沢民は長春《ちょうしゅん》の第一汽車製造廠の技師を六年つづけた。李鵬《りほう》は東北電業管理局の幹部、つづいては遼寧阜新《りょうねいふしん》にある火力発電所の所長だった。朱鎔基《しゅようき》は東北工業部計画処の副主任だった。

そのときソ連は中国の軍事同盟国だった。江も、李も、朱も、ウラルのスヴェルドロフスクやチェリャビンスク、マグニトゴルスクといったソ連が誇る重工業地帯を思い浮かべ、東北を中国のウラルにしなければならないと考え、いつか必ず起きる帝国主義諸国との戦いに備えねばならないと教えられ、そのように信じていたのである。

江沢民、李鵬、朱鎔基のあとを継いだ二〇〇二年末からの党中央政治局常務委員、党中央政治局委員はどうなのであろう。

国家主席の胡錦濤《こきんとう》は清華大学水利工程学部をでて、最初の任地は甘粛《かんしゅく》省の水力発電所の技師だった。総理の温家宝《おんかほう》は北京の地質学院を卒業して、最初の赴任先はこれまた甘粛省だった。地質調査をおこなった。副総理の呉儀《ごぎ》は北京石油学院卒業のあと、これまた甘粛省の精油工場で働いた。

いずれも一九六〇年代後半のことであり、これら新卒の年若い男女は毛沢東が唱えた「三線建設」に動員されたのだった。すでにそのときソ連は敵だった。ソ連、アメリカを相手とする戦争に備えて、内陸部に重工業を建設するというのが、失敗に終わっていた大躍進運動と同様、これまた毛の計画だった。甘粛省の酒泉《しゅせん》、四川《しせん》省の攀枝花《はんしか》に鉄鋼コンビナートをつくり、東北や沿海地方の工作機械工場、計器工場、ベアリング工場をその周辺に移すことにした。

二十代前半の胡錦濤、温家宝、呉儀は「山に行き、分散し、洞窟に入る」という最高機密の重工業建設の先兵だった。かれらがその時期になにを考え、なにを望んでいたのかは、いつかかれらが書くであろう回想録が教えてくれることであろう。

付け加えるなら、「三線建設」という名称、そしてその中身が外国の人びとに明らかになったのは、毛沢東の没後、一九八〇年代になってからである[4]。

その一九八〇年代、中国は南海石油を擁した超大国になることができず、遮二無二、輸出指向の工業化政策を採らざるをえなくなった。それに全面的に協力したのは日本であり、アメリカであり、台湾だった。この三国こそが中国を国際システムの枠組みのなかで行動せざるをえない国にしてしまったのである。

そこで、かつての光輝あふれた東北の重工業地帯は失業者があふれ、いつ騒乱が起きても不思議ではないような状態になってしまい、それより前に内陸部の甘粛省、陝西《せんせい》省、四川省の重工業建設のあらかたは見捨てられてしまった。取って代わったのが、広東《カントン》省から浙江《せっこう》省、山東《さんとう》省、河北《かほく》省までの沿海地帯である。カジュアル衣料品を生産し、ありとあらゆる種類の靴、履物を製造し、台湾資本、アメリカ資本、日本資本の工場が電機、電子機器をつくり、造船工場、自動車製造工場が操業を開始し、自動車の生産はたちまちのうちに、アメリカ、日本、ドイツに次ぐ世界四位に躍りでた。

そして、これら沿岸諸省の古い港の近くには新たにコンテナターミナルがつぎつぎと建設され、この十年のあいだに百万TEU《ティー・イー・ユー》を超えるコンテナ貨物を取り扱う大きな港は八つにもなり、上海、深圳《しんせん》、青島《チンタオ》、天津《てんしん》、広州《こうしゅう》、厦門《シイアメン》、寧波《ニンポー》、大連《だいれん》とつづくことになる。その筆頭の上海は世界のコンテナ港のトップテンに仲間入りし、二〇〇三年には世界三位に躍進した。

TEUの説明を加えておこう。貨物コンテナには何種類かのサイズがあるが、長さ約六メートルの規格コンテナに換算しての積載個数、取り扱い個数のことだ。

これらの港からは大型のコンテナ船が日本、アメリカ、西ヨーロッパの国々に向かっている。そして二〇〇三年の中国の貿易総額は八千四百億ドルにものぼり、アメリカ、ドイツ、日本につづいて世界四位になっている。

一九九四年には日本と中国とのあいだの貿易額は五百五十億ドルを超えるだろうと第五章で述べたが、二〇〇三年には、その倍となり、一千二百億ドルに達している。

こうして中国は名実ともに「世界の工場」となり、開放的な世界貿易システムをどこよりも必要とする国になっている。そして江沢民は任期が終了し、退陣するにあたって、党大会で報告し、前にも記したとおり、「小康社会」に足を踏み入れることができたと自慢したのである。

さて、このさき中国はどのようになるのであろう。

現在、中国は十二億九千万人の世界一の人口を抱え、農産物と工業製品で世界一の生産量を占めるものは百を超すようになっている。中国はまさしくアメリカと並ぶ超大国といってもよいのであろう。

だからといって、中国はアメリカと似ているということはできない。

このさき二十年あと、二〇二〇年代前半には、中国の六十五歳以上の老齢者の数はそのときのアメリカの総人口よりも多くなる。二十年さきも若年人口が増えつづけるであろうアメリカと中国は似ていない。中国が似ている国を探すとなれば、日本となるのだと私は考える。

どこが日本と似ているのか。

第一に中国は日本と同じように急速に老齢国家になろうとしている。

第二に中国は「世界の工場」となってしまったがために、日本と同じように資源小国となってしまっている。

向こう二十年足らずのあいだに中国は老人超大国となってしまう。

六十五歳以上の人口が、全人口の七パーセントを超えたら高齢化社会と定義されている。全人口の一四パーセントを超えると、高齢化の「化」がとれて、高齢社会と呼ぶことになる。一九七〇年に、日本の六十五歳以上の人口は、全人口の七パーセントを超え、一九九四年に一四パーセントを超えた。高齢化社会から高齢社会になったのである。

中国ではどうか。現在、六十五歳以上の人口は全人口の七パーセントを占め、高齢化社会に入った。二〇二〇年前後には中国全土で一四パーセントになり、高齢社会になると予測されている。スウェーデンは八十五年かけて七パーセントから一四パーセントまでになった。日本は二十五年かかった。中国はこのさき十六年から十七年のあいだに高齢社会になるとみられている。

中国が老人超大国となってしまうことにわれわれはある感慨を覚えよう。もうひとつ、中国は日本と同様に資源小国となってしまっていることにわれわれはまたべつの感慨を抱くことになる。

中国は資源小国に変わってしまった。

一九九三年には石油の純輸入国となった。今年、二〇〇四年には、中国の原油の輸入は日本を抜く。そして原油の輸入を年平均で千万トンから千五百万トン増をつづけていくことになる。

中国はまたオーストラリア、ブラジルから鉄鉱石を輸入するようになっているし、食糧を輸入するようにもなっている。アメリカ産、ブラジル産の大豆、トウモロコシを輸入し、中国南部ではベトナム米、タイ米を輸入している。現在、中国は日本ほどの食糧輸入大国ではない。だが、まもなく日本より大量の食糧を輸入に頼らなければならなくなるかもしれない。

都市化が進み、中産階級が増え、住宅の建設が大きく、木材の需要は増えるばかりだ。中国はほとんど一夜のうちに木材の大輸入国となってしまった。輸入量はいまやアメリカに次いで世界二位なのである。

世界一の埋蔵量を誇る石炭以外、中国はなにもかも足りない。明日の中国を論じて、だれもが必ず語るのは不足する水資源である。

ひとつだけ言っておこう。都市の人口が増え、新たに住宅が建てられ、新たに都市ができれば、生活習慣は変わり、水の消費量は増える。北京では新しいアパートがつぎつぎと建てられているが、浴槽はないまでも、シャワーが取り付けられ、便所は水洗になる。寝る前には足を洗うだけだったときに比べて、水の消費は格段に増える。女性が髪を洗う回数が増えれば、水の消費量はさらに増大する。いずれにせよ、中国が食糧の大輸入国となるころには、中国のあらかたの都市は水飢饉となる。水を輸入することはできないから、海水の淡水化工場が沿海地帯の都市周辺にいくつも建設されることになるにちがいない。

中国がどこの国よりも日本に似ていることはすでに明らかであろう。

資源小国であること、そして老人超大国になるという二つの大きな制約のなかで、北京の党中央政治局の常務委員たちはやるべきことを決めることになる。かれらはマスメディアと野党に批判、攻撃されることがなく、世論調査の支持率に一喜一憂することがなくても、この二つの大きな制約からは逃れることはできない。

ところで、かれらがやらねばならないと考えているもっとも大きな課題は、中国を都市化することである。農民を都市に移動させることだ。農民を都市住民にする。現在、全体の三〇パーセントの都市人口を最終的には七〇パーセントにしたい。まずは向こう十五年のあいだに二億二千万から二億五千万人の農民を都市に移そうと考えている。以前に江沢民が説き、現在、胡錦濤が主張し、温家宝が語っていることである。

なぜ、都市化が必要なのか。

つい最近まで、東北の大豆とトウモロコシの生産は中国全土の生産の三分の一を占めていた。ところが、東北の大豆とトウモロコシの品質が悪く、しかも割高であるため、輸入品に圧倒された。「愛国大豆」と命名しても、一年分、二年分の大豆が倉庫に眠ったままといった状態になってしまっている。

経営を大規模にし、優良品種に統一し、機械化しなければ、国際価格に対応できる大豆、トウモロコシを生産することができない。ところが、現在、大豆、トウモロコシを栽培する農民は三千万人にものぼる。余剰労働力の二千万人以上に農業をやめてもらわねばならない。そこでかれらを都市に移住させなければならない。

大豆やトウモロコシ栽培農家だけのことではない。やがて栽培をやめざるをえない運命にあるのは、国際価格より平均二割ほど高い新疆《しんきょう》の綿花、江西《こうせい》のサトウキビも同じである。そして内陸部の農村の零細な農家は商品化できる農産物を栽培するすべがない。

農業が家族経営になって、農村の繁栄が謳われたのも束の間、わずか十数年のあいだに中国の農業は日本の農業と同じようになってしまい、三八農業、六一農業、九九農業と呼ばれるようになっている。三八は三月八日、国際婦人デー、六一は六月一日、子供の日、九九は敬老の日だ。田畑で働いているのは、女と子供と老人だけだということなのである。

多くの農村は貧しく、半身不随の状態であり、耕作を放棄し、荒れ地が増えるばかりとなってている。無法地帯となってしまい、悪質ボス、カルト宗教が支配するようになっている村もある。

どこの農家も、若い者はいずれも沿海地帯に出稼ぎに行くことで、農家の家計を支え、農業税を支払っている。出稼ぎ労働者は九千万人から一億人にものぼる。東莞《とうかん》の電機工場、蘇州《そしゅう》の電子工場で若い女性が働く。だが、彼女たちの雇用期限は三年だ。三年たてば、彼女たちを解雇する。前にも触れたとおり、新しい女性を雇えば、給料を上げずにすむ。男たちは臨時工となり、工事現場で働く。大都市に住みつく者もいるが、かれらに住宅、医療、子供の就学の保障はない。

こうしたすべての懸案の問題を根本的に解決しようという意気込みを示したものが、農民を都市住民とする、中国を都市型の国家にするという党の決意なのである。

向こう十五年まで二億二千万人を都市に移すのだと言う。なぜ十五年なのか。中国の政治指導者の前面にある二つの大きな制約のひとつ、二〇二〇年前後には、中国が老人超大国になってしまって、労働人口が相対的に減少していくなかで、増えつづける老齢人口を扶養していくようになる。それより前に、中国を先進国と同じように都市型の国家にしてしまいたい。

そこで江沢民、多くの専門家、そして現在の指導者も、年間一千万人以上の農民を都市に移すのだと語ってきている。

それはできるのか。三峡《さんきょう》ダム建設のために犠牲になり、よそへ移住しなければならなかった住民は百十万人だった。小国ではおよそ考えられない目をむく数字である。全部を移住させるのに七年から八年がかかった。一年内に一千万を都市に移し、彼らのための住宅をつくり、都市基盤を整備するといったことは容易にできることではない。

いくつかのことをしてきたし、してもいる。遼寧省、山西省、四川省、ほかの省でも、農村から同じ省内の都市への移住を認めるようになっている。また人口二十万程度の小都市を新たにつくろうとする計画も各地でおこなわれている。

だが、内陸部の「産業のない都市化」は失業者や半失業者の大群をつくるだけのことになってしまっている。たとえば西安《せいあん》市の大学で日本人留学生の稚拙な寸劇が誇大に伝えられ、日本憎悪の教育で育てられた若者を興奮させ、「抗日宣言」がだされ、日本料理屋が襲撃され、市内は不穏な事態となり、公安警察を緊張させた。些細なことをきっかけに不満を持つ失業者や市内底辺の住民の暴力的な社会混乱が起きることをだれよりも恐れるのは党指導部である。

この都市化計画を完成させるためにすることはただひとつ、資源小国の中国は貿易重視の基本戦略を変えることなく、外資の参入を求め、「世界の工場」でありつづけなければならない。

「世界の工場」でありつづけようと思えば、平和主義が原則となる。ひとつひとつの省が国ほどの大きさがある中国は、国際間の雁行型の経済発展をすべて国内に取り込んでしまうことになり、中国のために輸出競争から脱落する多くの発展途上国がでてくることになる。中国はいつまでも犠牲者意識を振り回し、外国にたいして脅迫がましい態度をとることはできなくなる。

上海や湛江《たんこう》の軍港に置かれた七十隻の新型潜水艦や江西省、福建省に配備した台湾に向けている五百基に近い短距離ミサイルも役には立たない。外国からの資本と原料資源の供給への依存は、諸外国とより緊密な協調関係を必要とし、アメリカ、日本、ＥＵの諸国に電機、電子製品、カジュアル衣料品、靴、玩具を売っていくためには、平和の持続を望まねばならない。

北京の党中央政治局常務委員会の委員たちが考え、望むことは、日本のだれもが望むことと同じなのである。

「繁栄する隣国こそが、最善の隣国である」

そこでこの本の主題に戻る。中国はこのさき、なによりも平和が必要であると承知していても、日本との奇怪な戦いはやめようとしないのか。江沢民後の指導部もまた、党の支配体制を維持しながら、「世界の工場」でありつづけるために、まことに都合のよい敵、日本をずっと利用しつづけていくつもりなのか。

少なからずの読者が待てよと言うにちがいない。そのとおり、私があとをつづけよう。

二〇〇二年十一月の共産党の大会が終わったのにつづいて、党中央委員会全体会議が開かれ、胡錦濤が党総書記に正式に選出され、新指導部が発足した。その直後、北京で刊行の、権威のあることで知られる定期刊行物にひとつの文章が載った。そのとき『人民日報』の論説委員だった馬立誠《ばりっせい》の論文、「対日関係新思惟」である。

これが日本の新聞、雑誌編集者の注目を集め、いくつもの雑誌、新聞に掲載、紹介され、多くの人びとがその内容に驚くことになった。馬立誠は「民族主義的反日論は有害無益だ」と説いたのである。

そしてその論文、というよりはその論文が日本で注目され、もてはやされたことが、中国の人びとの反発を呼び、反対論がでて、さらにこれも中国のインターネット論壇を騒がせることになったのは、この本の読者であれば、だれもが承知していることであろう。

「中国人の大多数が抱く日本に対する敵意」はさすがに日本人のだれもが承知するようになっていたから、「対日関係新思惟」が袋叩きにあったと聞いても、だれもが溜め息をつくだけであった。

ところが、日本の人びとがさらに驚くことが起きた。「新思惟」すなわち新思考の主張は馬立誠の論文で終わらなかった。時殷弘《じいんこう》という人民大学の教授が「中日接近と『外交革命』」と題する論文を発表した。さらに時殷弘はその続篇を発表した。

馬立誠が説き、時殷弘が提言したことを取り上げよう。

「日本軍国主義の復活はない」「日本の中国への謝罪は解決済みだ」「日本の政府開発援助を正しく評価すべきだ」「国益優先の立場から、日本との関係を大きく変えるべきだ」「日本の国連安保理事会入りを支持すべきだ」

中国内では激しい反論、非難がつづいたのだが、さらにつぎつぎと「対日接近」論もまたつづくことになっている。江沢民時代の不動の対日戦略にたいして、根本的な批判を唱えることが認められたということは、当然ながら、党中央宣伝部がこの新路線の提唱を支援しているということなのであろう。

そして党中央宣伝部の背後には、党中央政治局の胡錦濤を中心とする新常務委員たちがいるのであろう。常務委員全員、すなわち九人が九人とも対日政策の変更を支持したとみるべきなのであり、もうひとつ、江沢民がそれを認知していたと考えるべきなのではないか。

中国共産党の中央政治局の常務委員たちが、日本を敵とすることはやめねばならないと考えているのなら、かれらはなぜそう考えるにいたったのであろう。

新たな対日思考を持てと主張するコメンテーターや研究者のなかには、外交戦略を論じる人たちがいる。かれらはまず東アジア、太平洋の外交地図から説く。そして圧倒的な力を持つアメリカに対抗して、中国は日本と協力すべきだと語る。北朝鮮、台湾への対応についても、新しい対日思考の必要を主張している。

だが、新思考の提唱者たち、党中央政治局の常務委員たちが見つめているのは国内ではないのか。日本人にたいする憎しみを教えられて育った人たちがマスメディアの第一線にいる。テレビや新聞社に勤務するかれらは、日本人が絡んだ些細な事件を報道するとなれば、日本にたいする憎しみの毒気をこのときとばかり放射する。ネット利用者はすでに七千八百万人にものぼる。かれらもまた日本憎悪を教えられて育った若者である。前に述べたことだが、日本にかかわる事件が起きれば、かれらの憎しみをたぎらせた文字は瞬時のうちに全中国を駆けめぐる。

前にも述べたことだが、これらを見て、不安を抱く人がいるだろう。そしてまた、心が痛む人がいるはずだ。

いまや大国の風格と矜持を持たねばならない中国が、平和で友好的な隣国を、「地主・富農」「右派分子」の代わりとしていつまでも敵に仕立てあげ、小学生から日本憎悪を教え込み、「日本人は悪者で、中国を昔に引き戻そうとしている」と教え、体制の維持に利用しようという手法をつづけるのは、あまりにも情けない、だらしがないと考える人が中央政治局常務委員会のなかにいても不思議はないように思えるし、対日思考を変えよと主張する論説記者や研究者のなかには当然ながらいると思える。

中国と日本との関係がすべての面にわたっていよいよ深まっているときに、反日の教化、宣伝をつづけることはもはやできない、いまや日本を「近くにいる敵」とすることは党の利益とはならないという認識がこれまたあるはずだ。

すでに何回も取り上げたが、ニコラス・クリストフはこの「敵愾心のあふれた愛国主義」が「台湾の問題でアメリカとの戦いの危険を増大させ、係争中の尖閣諸島で日本との戦いの危険を増大させることだ」と言った。

そうはならないであろう。クリストフがつい失念してしまっているのは、日中間の経済的なつながりは紛争を防止するのに十分なほど強くなっていることである。党指導部の人たちが恐れるのは、「敵愾心のあふれた愛国主義」の激情に火がつけば、これも前にも触れたとおり、大都市、中都市にあふれている失業者、半失業者は日本資本、外国資本の工場を破壊し、焼き打ちをすることになるということだ。騒乱はたちまち、いくつかの都市にひろがり、反党、反政府の暴動に転化する。公安警察と軍隊はこれらの暴動を鎮圧し、抗議を沈黙させることになろう。しかし、党がむき出しの力と恐怖を解決の手段としてしまうこと自体が、民主主義と政治的自由を犠牲にして秩序と効率を維持しようとしてきた党の権威のさらなる低下となり、党の幹部の士気をも落としてしまうことにつながる。一方、暴動がもたらす経済の停滞と鈍化は中国のあらゆる矛盾を表に噴きださせることになる。「世界の工場」でありつづけなければならないと考える党中央政治局の委員たちにとって、都市の暴動はなによりも避けねばならないことなのである。

新しい対日思考を主張する人びと、それを考えている人たちは、対日路線のすべてを変えるための円滑な移行を実現する道筋をつけるためには、どうやったらいいのかを探っているのであろう。だが、その難しさに目が眩《くら》む思いでいるのではないか。

辻康吾はこれもまたすぐれた中国研究者である。かれは「対日接近」を支持する論文、それに反対する論文を数多く読み、つぎのように記している。

「『対日接近』論争を通じて、その賛否の立場を問わず少なからざる中国人の日本への心理的コミットメントの深さを再認識させられるし、とくに、『対日接近論』者が国内での反対派の非難、悪罵の中で、対日接近にかけた悲壮とも言いうる強い決意に驚かされる」

そして辻は繰り返す。「いずれにしろ『対日接近論』には日本で想像される以上の緊迫感が漂っている」(5)

一九八〇年代の前半であったなら、胡耀邦は自分の路線を展開するためには、党の元老と長老の考えを変えさせることができさえすればと思っていたのであろう。だが、現在、第二の胡耀邦の前面には、対日強硬論を唱える数多くの人びと、とてつもない数の「江沢民の子供たち」がいる。そのかれらに向かって、「感情的になるな」「耐えがたきを耐え、忍びがたきを忍べ」と説いていかねばならないのだ。対日新思考の提案者たちの文章に緊迫感と悲壮感が滲みでるのは当然のことなのかもしれない。

私も悲観に落ち込む。だが、と思う。日本と中国とのあいだの将来を考えようとすれば、同じアジアの二つの大国、インドとパキスタンが直面する問題を思い浮かべる。

日本と中国との関係の明日を論じるにあたって、ほかの二国間の関係を引き合いにだしたりするのは、これこそ、この本の最初に挙げた伊藤光彦が「こんな書き方はしたくない」と説いたことだと思う。非礼なのは私も承知しているが、それでも述べよう。

インドとパキスタンは一九四八年、一九六五年、一九七一年、一九九九年と四回にわたって戦いを繰り返してきた。二〇〇一年には戦争寸前までいった。両国の争いの原因はカシミールにあり、その地での殺し合いは終わることがない。パキスタンがおこなってきたカシミールの武装勢力への支援は、パキスタン国内の経済と社会にとって痛ましい負担となってきている。

双方はカシミールを争うだけではなく、インド人がパキスタン内のラホールはわが方の領土だと主張すれば、パキスタン人はインド領内のデリーはわが領土だと説いてきている。

両国は相手側の出方を恐れ、軍備の増強に懸命となり、双方は核武装までしてしまい、核の脅迫をおこなうようになり、敵対感情の悪循環の渦に巻き込まれ、この膨大な軍備は両国の経済発展の大きな障害となっている。ひるがえって、両国間の貿易はとみれば、まったく取るに足りない。両国の主要国別輸出入額は、どちらも十位までに入っていない。もちろん、旅行者の行き来もない。

ところで、老齢社会に入った日本、そこへ向かおうとする中国と違って、インドの十億三千万人の人口は二十年あとの二〇二五年には十四億五千万人になるといわれる。一億四千万人のパキスタンの人口は二億七千万人になると予測される。両国ともに若年人口は増えつづける。両国の産業はこれら若者たちを雇い入れつづけることができるのだろうか。

ラホール、カラチ、カルカッタ、ボンベイといったパキスタンとインドの巨大な都市は人口爆発を起こし、両国の農地はさらに細分化されよう。この貧しさを温床とするのは、インドのヒンドゥー・ナショナリズムとパキスタンのイスラム原理主義とならざるをえないのではないか。

インドとパキスタンとの関係はこのようなものだ。日本と中国のあいだは、なんと言おうとも貿易額一千二百億ドルによって結ばれている。大国と大国とのあいだでこれほどの相互依存関係を達成している二国はほかにはない。

私は、一九三〇年代の大不況と世界のブロック経済圏の形成が世界大戦へと導いた経験を反省するアメリカ人が語った言葉を思いだす。すなわち「繁栄する隣国こそが、最善の隣国である」。

もういちど繰り返すなら、中国のすべてを承知してきた人たちが中国のおこなってきた党の自己保存のための反日キャンペーンにたいして沈黙を守ってきたのは、贖罪感を込めてと付け加えなければならないのであろうが、中国が「繁栄する隣国」となるのを望んでのことだったのだと思う。

しかし、そのような配慮をするときは終わった。

中国の党の最高幹部から世論形成を任務とする人たちまでが「いつまでも百五十年にわたる屈辱の歴史」といったレンズを通して国際問題を見ることをやめようと説き、「受害者心態」、すなわち被害者意識を持つことをやめようと主張しているのであり、さらに対日新思考を持つべきだと党首脳部は党機関を通じて啓蒙をはじめようとしているときなのである。

日本政府がおこなわねばならないのは岡本プランであろう。

二〇〇二年十一月の末、内閣参与の岡本行夫が座長となった外交助言のための懇談会は「21世紀日本外交の基本戦略」と題した報告書を首相の小泉純一郎に提出した。そのなかでつぎのように述べている。

「政府は、中国若年層の嫌日感情のもとになっている中国国内の教育の在り方について、中国政府と率直な協議を行うべきである」(6)

われわれが現在承知していることは、岡本行夫が政府と国民に提言したまさに同じときに、発足したばかりの中国の新指導部が、対日関係を是正するために中国はなにをしなければならないかを明らかにする最初のアドバルーンを掲げようと準備していたということだ。そしてそれを提唱した人たちは「国内の教育の在り方」を変えていかねばならないと説いているのである。われわれがおこなう中国との話し合いの第一歩もまた、ここからはじめるほかはない。

つぎの提言になる。ニコラス・クリストフの論文はこの本のなかで何回となく引用してきた。最後にもういちど挙げよう。

「日本は普通の中国人が日本に対して抱いている敵意を取り除くようにしなければならない。文化交流や相互留学は日本への理解を深めるだろう。中国女性を受け入れ、子供の養育を任せるのも一案だ。日本の母親には好都合だし、両国の理解を進めることになる。これは小さな一歩だが、日本は中国人が日本を理解するのに役立つ方法を考えなければならない」

文化交流であれ、相互留学であれ、政府資金の援助であれ、すべて中国にたいしておこなうことは、もはや隠し立てすることなく、クリストフが説いたように、「普通の中国人が日本に対して抱いている敵意を取り除く」ことができるのかどうかをはっきりと論じることからはじめて、それが「中国人が日本を理解するのに役立つ方法」であるかどうかを見きわめたうえで、おこなわなければならないだろう。

最後に提言したい。日本が中国のためにすることは、東北の再建に協力することではないか。東北、かつての満洲には、日本のひとつの時代の夢と過誤、栄光と悲劇があった。そしてその五十年のあいだに、日本以外の、どこの地よりも多くの日本人がそこに眠った。

前に記したとおり、東北の重工業は一九八〇年代に衰亡した。中国の研究者が「東北現象」と呼ぶものである。一九九〇年代には「新東北現象」と呼ばれる東北の農業の衰退があとを追っている。

かつての東北の輝きを取り戻すために日本が東北再建の手伝いをすることは、東北の中国人だけでなく、その昔に満洲に大きな希望を抱いた人びと、そして満洲の土となった多くの人びとがこれまた喜んでくれることなのではないかと私は思う。

【出典・注】

1　船橋洋一、御厨貴、三島憲一「『戦争責任』の着地点を求めて」『中央公論』二〇〇三年二月号

2　「元駐中国大使連続インタビュー③　佐藤嘉恭氏」『東亜』二〇〇二年八月号　三八頁

3　『毎日新聞』二〇〇三年十二月九日付

4　「三線建設」は一九六四年から中国の内陸部に大規模な工業基地を建設しようとした試みである。「三線」とは、最前線である第一線の沿海地方、第二線の内陸平野部の中間地帯、そしてその後方の第三線という意味である。ソ連との関係の悪化、アメリカがベトナム戦争に介入するのに備えて、工業基地の奥地移転を命令したのは毛沢東だった。人民公社運動が失敗して、いっとき退いていた毛が再び主導権を握ろうとして試みた非現実的な計画だった。多くのプロジェクトは実施されずに終わったが、毛沢東の死の一九七六年までは一応つづいた。

5　辻康吾「中国の『対日接近』論争」『世界』二〇〇三年十一月号　二四一頁

6　対外関係タスクフォース「21世紀日本外交の基本戦略――新たな時代、新たなビジョン、新たな外交」二〇〇二年十一月二十八日　一一頁

❖日本と中国との関係、ひとつの例、福建省——ウナギ、墓石、ウーロン茶、そして福清人

　ここからは本書の主題とはなんの関係もない。いや、多少は関係があると思うのだが、それはともかく、原稿の段階では第三章の途中に入れていた。

　第三章で記したように、一九六一年に中国の軍内でおこなわれた政治思想工作の手引書である『工作通訊《こうさくつうじん》』は、台湾の蔣経国《しょうけいこく》のコマンドーが福建《ふっけん》省の連江《れんこう》県で入手したものだ。その連江県は台湾海峡に面していると説明を書いているあいだに、私は連江県、そして福建省と日本とのつながりを書きたくなり、『工作通訊』の説明を後回しにして、福建省のことをずるずると書いてしまった。だが、前後のつづきを妨げるから、数行に縮めるか最終章に移してほしいと、この本の編集者に助言された。そこでこの最後に載せることにした。

　一九五八年の毛沢東の金門島《きんもんとう》への砲撃については前に記した。その金門島の向かいに厦門《シイアメン》がある。現在はアモイとは呼ばない。シィアメンである。厦門から北、正確には北東の方角であろうが、ざっと三百キロ離れて連江がある。名古屋から東京までの距離だ。

　このあいだのリアス式海岸には、泉州《せんしゅう》、恵安《けいあん》、蒲田《ほでん》、福清《ふくせい》、長楽《ちょうらく》とつづき、連江となる。いずれ

も県の名前、市の名前である。もっとも前の章で触れたとおり、都市型国家をつくるという国の方針があり、市を広域化し、県を市に変えるようになって、福建省のこの沿岸地域でも、大きな市がいくつもできている。

さて、この福建だが、日本と福建省との関係は、よいことも悪いことも、すべて現在の日本と中国との関係の縮図である。

福建省は九州と北海道を合わせたほどの大きさだ。十二万平方キロ。北海道と九州の人口は合わせて二千万人だが、福建省はそれより一千五百万人多い。三千五百万人である。一人当たりの国民総生産は年一万二千元《げん》、日本円にして十六万円ほどだ。

福建省に行こうとするなら、厦門路線がある。関西空港から厦門まで三時間しかかからない。厦門は福建最大の都市だ。人口は百二十万人、広島市ほどだ。日本航空と全日空が成田空港からそれぞれ週三便、関西空港から全日空が週四便、そこで全日空は日本・厦門間を一日一往復していることになる。

上海まで飛び、厦門、あるいは福州の長楽行きの国内線に乗り換えるという方法もある。

当然ながら海上航路はいずれも貨物の輸送だ。福建省の二つの港が中国の十大港のなかに入っている。上海や深圳《しんせん》にはとても及ばないが、二〇〇一年の中国交通部発表のコンテナ取り扱い量で六位に厦門、十位に福州が顔をだしている。厦門が年間百二十九万TEU、福州が四十二万TEUである。横浜港をひとつ、挙げることにするが、二〇〇三年十二月、日本、中国、デンマークの船会社八社のコンテナ船が厦門から週十一便、福州からは二便が入港している。[1]

そしてこの福州から日本にウーロン茶の茶葉が運ばれてくる。

ウーロン茶は緑茶を半発酵させてつくる。香港、シンガポール、マレーシア、アメリカへも輸出されているが、二〇〇一年の数字で、総輸出量二万二千トンの四分の三、一万六千トンが日本向けだ。浙江《せっこう》省、そして最近は雲南《うんなん》省のウーロン茶の日本への輸出が増えてきているが、依然として一位は福建省だ。

缶入りのウーロン茶が売り出されたのは一九八一年、ペットボトル入りのウーロン茶の登場は一九八六年である。食習慣の変化があって、甘い果汁や炭酸入りの飲料からウーロン茶へと好みが変わってのことだったが、一九八〇年代にあった中国にたいする親近感がこのブームの後押しをしたのだとも言えるのではないか。

ウーロン茶の輸入トン数や金額では、われわれがどれほどのウーロン茶を飲んでいるのか見当がつかない。年間、缶入りウーロン茶の生産量は六十億本である。日本人一人当たり一年間に五十本のウーロン茶を飲んでいるのだという。その五割を占めるのが、サントリーの烏龍《ウーロン》茶である。福建産の茶葉を使っているというのが売り物だ。

茶畑がつづく丘のあいだにある製茶工場はいずれも広く、清潔だ。体育館を二つつなげたような構内は茶の香りが満ちあふれている。白い帽子、白いエプロンの女性が数百人座っている。広い竹の笊《ざる》に粗茶をひろげ、茎や形の悪いものを選別していく。

ウーロン茶は緑茶を抜いてのブームがずっとつづいていたのだが、最近になって緑茶が復活している。ペットボトル入りの緑茶の需要が増えはじめ、二〇〇二年にはウーロン茶を抜いた。この緑茶も国内産ではない。圧倒的に安いことから、中国産の緑茶が輸入されている。二〇〇二年の緑茶の輸入量は一万七千トンだ。三年連続増えつづけている。この九割が中国茶だ。このうちには福建産の緑茶もあるが、その量はわずかだ。

ウーロン茶の日本向けの輸出金額は二〇〇一年に三千七百万ドルである。金額で比べれば、ウーロン茶よりずっと多いのが福建のウナギである。

台湾で日本業者が冷凍野菜の開発輸入をおこない、つづいて台湾の多くの業者がこの事業に参入し、つぎに台湾人の経営者が福建へ行って同じ事業をやった。ウナギの養殖、加工、そして日本への輸出も同じ順序だった。

一九六八年に台湾から生きたウナギ、活鰻《かつまん》の日本への輸出がはじまった。その時代、日本人が食べるウナギの総量はせいぜい年間三万トンだった。台湾のウナギの養殖池は増え、一九七五年からは蒲焼きの加工品が輸入されるようになった。スーパーマーケットの魚売り場にウナギの蒲焼きが並び、食堂のメニューに鰻丼が加えられるようになった。そして台湾の加工工場も二十数カ所にのぼるようになり、一九九〇年には日本のウナギの消費量は十三万トンとなった。日本人の蒲焼きの消費量は二十年のあいだに四倍となったのである。

中国産のウナギが日本に登場したのは一九九〇年代に入ってからである。

東アジア全域でウナギの稚魚が消え、稚魚の値の高騰がつづき、「白いダイヤ」と呼ばれて、日本と台湾の養鰻《ようまん》業者が青息吐息となったときに、だれもが十分の一の値のフランス生まれの稚魚の利用を考えた。ところが、大西洋産の稚魚は日本産のジャポニカ種と違って、狭い水槽では育ちにくい。おまけに成長に二年もかかる。台湾人の企業家が福建省で実験を試みた。広い露地池で育てた。土地の使用料と労賃が安いことに目をつけたのである。これが成功した。味はいくらか落ちるが、不味いというほどではない。安いのがなによりだということになった。

福建ではウナギを食べるが、麺類のだしに使う。それとも輪切りにして、油で炒めて食べる。もちろん、ウナギの養殖などはしたことがない。台湾の企業家につづいて、日本の商社や水産会社が福建の企業家を相手にウナギの養殖から加工までをきめ細かく指導することになった。

たちまち福建の養殖業者は星の数ほどになり、閩江《びんこう》の上流の都市、南平《なんぺい》の周辺には、川の伏流水を利用した養鰻池が何百枚とつくられた。古い歴史を持つ南平の町には加工工場がいくつもできた。

ひとつの工場に三百人に近い若い娘たちが働いている。白衣、白い帽子をかぶっているのはウーロン茶の製茶工場と変わりないが、匂いが違う。ウナギを裂くのは自動化ができていないことから、ウナギ専門の三角包丁で、背開きをして、肝、中骨、ひれを取る。熟練者は二十秒かからない。月七百元が普通の男の給料だが、二千元を稼ぐ若い女性もでてくる。

ウナギを裂いたあと、蒲焼きまでの生産設備は日本製だ。全長六十メートル以上もある。白焼きから蒲焼きまでラインに載ったまま、最後に冷凍され、箱詰めとなり、コンテナ船で日本に送られてくる。

福建がウナギ養殖の一大生産地となり、ウナギの加工業が大きな産業となって、この成功を真似て、広東省のほかに、上海の近辺、さらに内陸地帯で、福建につづけとウナギの養殖池、加工工場がつくられるようになっている。

こうして蒲焼き、白焼きはいまや圧倒的に中国産だ。輸入全体の九〇パーセントは中国からだ。二〇〇一年は六万九千トンである。五億八千万ドルにものぼった[2]。

だが、活鰻はまだ台湾産が主流だ。土用《どよう》の丑《うし》の日の数日前には、ふだんの旅客便、貨物便だけではとても足りず、臨時貨物便がでて、新聞は成田空港のターミナルでウナギを握る搭乗員の写真を載せるのが、いうところの八月の風物詩となっている。台湾産より少ないが、それでも二〇〇一年には福建省は二千万ドルの生きたウナギを日本に送り込んだ。

こうして二〇〇一年には蒲焼きと生きたウナギを合わせれば、六億ドルに近い。

ほかの水産物の輸入金額と比べれば、ウナギよりエビのほうがずっと多いし、マグロ、カツオのほうがまだ多い。だが、一国、それも一省からの水産物の輸入となれば、福建のウナギと張り合うことのできる水産物はほかにない。

中国から日本に輸出するウナギのうち、福建のウナギは二〇〇二年には三億四千万ドルだ。ウナギは福建の大きなドル箱となっている。

話は変わる。日本から福建省を訪問する日本人の数はどのくらいか。この数年、変化はない。五万人だ。このうち観光客はどのくらいだろう。

日本からの観光客は「ウーロン茶のふるさと」のキャッチフレーズを持つ武夷山《ぶいざん》に向かう。この武夷山の一帯は「蛇の王国」「鳥の楽園」「昆虫の宝庫」と呼ばれ、生物の新種を見つけようとする多くの生物学者が訪れる。国連が認定した生態圏保護区でもある。

観光客はこの山を仰ぎ、渓谷下りをする。閩江の急流だ。九つに曲がるから「九曲渓」と呼ばれる。竹を組んだ筏《いかだ》の椅子に座って、一枚岩の巨大な絶壁、奇岩を見上げる。

さらに下って南平の町があり、その周辺に養鰻池が数多くあることは述べたばかりだ。閩江の河口の町が泉州である。泉州から厦門までのあいだは高速道路が通じ、一時間半の距離だ。

泉州は元の時代まで中国最大の貿易港だった。観光客は開元寺、媽祖《まそ》廟に詣で、その昔、輸出で栄えた窯あとを見学する。

泉州から近い恵安の漁村に行けば、竹の笠、その下はスカーフで覆っているから顔は見えないが、オヘソをまるだしにしている女性たちに観光客はびっくりする。日に焼けたお腹に驚くのではなくて、流行を採り入れるのが早いのに驚くのだ。だが、じつは昔ながらの風俗だ。オヘソを見せたいのではない。腰帯を見てもらいたいのだ。この海岸地帯の女性たちはずっと腰帯に凝ってきた。綺麗な模様の入った腰帯、銀の鎖がついた腰帯を人に見てもらおうとすれば、上着丈を短くしなければならない。そこで英語でいうベア・ミッドリフとなる。

そして恵安の周辺はどこへ行っても、石工が働いている。観光客は灯籠《とうろう》があるのに気づき、仏像をつくっているのを見る。日本向けなのである。日本から進出した石材業者から技術を学び終えるや、たちまち石工が独立してしまうというのは、ウナギ業界と同じである。

福建省は花崗岩の産地だ。泉州、福州には寺が多いが、いずれも石塔がある。石が豊富なのである。海岸沿いの建物は石造りだ。大きな屋敷を囲むのも石の塀だ。インドネシアに住む華僑の送金で建てられたと聞き、なるほどと思い、丘の上の石造りの四階建ての成り金然とした建物が日本に行った留学生の送金で建てられたのだと聞いて、苦笑することにもなる。

五百万円あれば、豪邸が建つ。日本から地下銀行を通じて送金する。翌日には日本円で現金が家族に届く仕組みだ。福清、長楽、連江の留守家族は日本円で受け取るほうが有利なのだと承知している。人民元の為替相場が安いときに円と交換する。

さて、石材だが、恵安港から石材を積んだ船が北海道から沖縄までの港を回ったものだった。だが、現在は定期船が石材を運ぶ。墓石に家名を福建の工場で刻むようになって、納期厳守ということになり、定期便であるコンテナ船が運んでくる。

コンテナからは、下がり藤、梅鉢の家紋まで彫られた墓石がひきだされ、灯籠がおろされ、狛犬《こまいぬ》がでてくる。いまや神社の新しい狛犬はすべて福建産であり、墓地に新たに建つ墓石の八割は福建産だ。国産の三分の一から、五分の一の値段である。

そして墓石や灯籠だけではなく、ビルの外壁や敷石用の花崗岩の半製品も輸入されている。年間、八十万トンの花崗岩とその製品が日本に輸出され、二〇〇二年にその金額は六億三千万ドルにのぼる。

さて、福建省からの日本への輸出総額は、二〇〇二年の数字になるが、三十七億ドルになる。福建の輸出相手国の一位はアメリカである。四十億ドルだ。三位がＥＵの二十七億ドルである。

厦門は一九八〇年からの最初の「経済特別区」であり、外国資本の輸出向けの製造工場が数多くあり、アメリカ、日本、ＥＵ諸国に工場製品を輸出してきている。そのトップが靴であり、二位がカジュアル衣料品である。

少し説明しておこう。靴はバスケットシューズ、スキー靴から色とりどりの婦人靴、子供の靴、革靴からゴム靴、プラスチック、コンポジションレザー、布製までさまざまだ。二〇〇二年には二十億ドルをアメリカ、日本、ヨーロッパ諸国に輸出した。いまや福建は「靴の王国」である。

かつて「靴の王国」は台湾だった。そのはじまりを語っておこう。一九六〇年代に三菱商事がプラスチック製のサンダルを台湾で買い付けたのが最初だった。それからはありとあらゆる靴の製造がはじまった。一九八七年には各種の靴、十八億足、三十六億ドルを全世界に輸出した。台湾の靴輸出金額の最高を記録した。

九〇年代に台湾人の製靴工場主は安い労働力を求めて、厦門、福州に工場を移し、操業をはじめた。ビジネス・チャンスと睨んだ福建人の商人、仕事を習い覚えた工員が仲間を募り、つぎつぎと新しい工場を開いた。靴のメーカーは小規模だ。厦門と福州に一万社、内陸部、四川《しせん》、山西《さんせい》から来た三十万人の「打工妹《タアクオメイ》」、若い女子工員が働いているのは間違いのないところであろう。

十八億ドルを輸出した二位のカジュアル衣料品も製靴産業と似たような形で誕生、発展してきた。つづいて三位がオートマチック・データー処理マシンの十一億ドルだ。そしてさまざまな電機、電子機器、機械、輸送機器から、雨傘、金属家具、木製家具、サッカーボールまで、福建の輸出は百五十七億ドルにのぼっている。

この輸出総額からみたら、日本向けの六億ドルの石材、三億四千万ドルのウナギ、そして三千万ドルのウーロン茶など取るに足らないように思える。たとえばウーロン茶は福建でつくられる製品の輸出額としては六十位、七十位といった順位であろう。だが、ウーロン茶は福建の山沿いの農家の重要な現金収入となっているだけでなく、福建産ということから、福建にたいする親しみを多くの日本人、若者から老人までに与えつづけてきているのである。

靴や衣料品、電機製品、日用雑貨を製造する厦門、福州馬尾《まお》、福清融橋《ゆうきょう》の工業センターを除いて、農村地帯が疲弊と貧困に落ち込むことなく、石切り場、茶工場、養鰻場といった郷鎮企業が繁栄することは、なによりも福建省全体にとって望ましいことなのであり、福建と日本との経済的なつながりは、その見かけの輸出金額よりずっと大きいのである。

こうして日本と福建省は相互依存の輪を積み重ねてきた。まさに江沢民の党が大規模な反日キャンペーンを繰り広げているあいだのことであり、前にも述べたとおり、日本の政府、マスメディアが、「繁栄する隣国こそが、最善の隣国である」という公理をただひとつの道標として、歩んできてのことだった。

福建の石切り場、茶工場、養鰻場で働く人びとは、かれらが教えられ、抱いてきた日本人にたいする恐れと不信の感情をいまは持ってはいまい。だが、教え込まれてきた日本にたいする否定的なイメージはかれらの胸中にそのまま残っていよう。

そして新たに反日教育を受けた若者たちが社会人となる。そのなかには日本へ来ている者もいる。人の往来が福建と日本とのもうひとつのつながりであり、日本から福建への観光客のことはすでに述べたが、日本に来る福建人の若者たちのことを語らねばならない。

一九九六年はじめのことになるが、福建省の党書記が向こう十年のあいだに五百万から一千万人の省民を出国させることができたら、福建は大いに繁栄することができると言った。

賈慶林《かけいりん》が福建省の党書記だったときに省委員会で語ったことだ。かれは一九九六年に北京市の党書記となり、二〇〇二年十一月に席次第四位の党中央政治局常務委員となっている。

賈は夢物語を語ったのである。年間に五十万から百万人の移民をどうぞと受け入れる国などあるはずはない。親族の呼び寄せ、投資移民、技術移民をあてにするなら、年間一万人以下だ。一年に五万人でもいい、十万人でもいい、移民でなくてもいい、海外に労働者を派遣し、就労させたいというのが賈の本心だったのであろう。そして本音はというなら、私費留学生は間接移民だ、そのまま滞在国に永住すればよい、密出国も大いに結構、情報と資金を提供する私的斡旋機関、言うところの「蛇頭《スネークヘッド》」の存在には目をつぶらなければいけないというところであったにちがいない。

もう少し述べておこう。

中国の私費留学生は増えつづけている。たとえば人口三百八十万人のニュージーランドだ。語学学校を筆頭に高校、大学に留学する日本人の若者が一九九五年には五千人ほどにのぼり、香港、タイ、台湾の留学生がわずかながらいたのが、この数年、中国からの留学生が目立ちはじめ、たちまち、他を圧倒してしまった。北京の『中国青年報』が報じるところでは、二〇〇三年には四万人を超し、首都オークランドの英語学校は中国人の若者であふれるようになっている。上海、北京の金持ちの子弟たち、厦門や福州の縫製工場、靴製造工場のオーナーの息子や娘がいるのだ。

つぎは密出国者だが、密出国者はあらかたが男ときまっているが、台湾に密入国する福建人はいまやほとんどが若い女性である。年間一万人ほどか。いわゆる「大陸妹《タアルウメイ》」だ。前に「打工妹」と言ったが、「妹」は若い女性にたいする愛称である。「大陸妹」とはホステス、売春婦のことだ。「大陸新妹《タアルウシンメイ》」のことも語っておこう。大陸花嫁だ。台湾政府の発表では、中国の「開放」がはじまってから二〇〇三年までにその数は十九万人にものぼるといわれる。もちろん、福建の女性だけではない。ところが、最近はそのうちの半数以上が偽装結婚だ。出稼ぎだ。数はずっと少ないが、日本でも、独り者の中年の男がカモとなる。福建旅行ができて、報酬が貰え、もしかしたら若い女性と一緒になれるのかもしれないという淡い期待があって、福建の女性と結婚する。就学生、留学生崩れの福建人がこのブローカーをやっている。女のほうは籍さえ手に入れれば、男に用はない。

肝心の労働者の輸出のことに戻れば、厦門と福州にはいくつもの海外就労斡旋会社がある。二〇〇〇年末には福建からの五万四千人が海外で働いていた。台湾やモーリシャスで漁船に乗り込んでいるし、イスラエルやシンガポールの建設現場で働いている。パレスチナ人の自爆テロの巻き添えにあって死亡した福建人もいる。

日本は移民を受け入れていない。海外からの就労者は「研修生」「実習生」という名目でわずかに入れているだけだ。福建からの研修生はどのくらいいるのだろうか。

日本にいる福建人は公用、商務のための短期滞在者、そして大部分は就学生と留学生である。現在、どれだけの福建人が日本にいるのか。法務省入国管理局の二〇〇二年の数字では、遼寧省《りようねい》が四万人、黒竜江省《こくりゆうこう》が四万人、上海が四万人、吉林省《きつりん》が三万人、そして福建だ。三万人である。中国人の不法残留者は、これも入国管理局の二〇〇三年一月の数字で、二万九千人だ。このうち、福建人はどのくらいであろう。

つぎに密入国者はどのくらいいるのか。「たぶん二万人から三万人だろうと言われています」と入国管理局の担当官は述べる。このうち福建人はどのくらいか。一万人から二万人のあいだであろうか。この密入国者、不法残留者を含めて、福建人は四万人から五万人であろう。

そこで大きな問題は、中国からの倫理観の希薄な一部の留学生、就学生、不法残留者が組織化し、犯罪を生業とするようになっていることだ。新聞に福建籍とでる。密航者が捕らえられれば、これも福建人だ。

こうして多くの日本人が福建人に違和感を持つようになっている。これが日本と福建との関係の影の部分である。そして肝心なことは、福建省からの留学生、就学生だけのことではないが、かれらは行くさきとして日本を選んだにもかかわらず、かれらもまた、日本と日本人にたいする憎しみを教えられて育ってきていることであり、われわれはそれをときほぐす努力をしていないことなのである。

もう少し海外にいる福建人について記しておくことにしよう。

ニューヨークのマンハッタン南部にあるチャイナ・タウンは百年以上の歴史を持ち、全米最大の規模だ。かつてはすべて広東《カントン》人だった。大陸横断鉄道工事のあと、故郷へ戻らなかった人たちの子孫である。一九八〇年代の後半になって、合法、非合法の福建人が住みつきはじめた。一九九八年のことになるが、ニューヨークの福建人協会の幹部がニューヨークにいる福建人の密入国者数を語った。五十万人にのぼると言った。(3) 同じとき、ＣＩＡの担当官は、年間十万人の中国人がアメリカに密入国しているのだと語った。

中国公安部が二〇〇二年に明らかにした数字では、全世界の非合法外国居住者の総計が五十万人、そのうち、アメリカには十万から十二万人がいるのだという。日本には二万五千人から三万人だ。ついでにほかの数字も挙げておこう。カナダに二万から三万人、西ヨーロッパに十二万から十四万人、オーストラリアに三万人、南米に八万人、タイに三万から四万人、ロシアと東欧に四万から五万人だという。

日本にいる二万五千人から三万人というのは不法残留者の数だけであろう。密入国者は入っていない。アメリカにいるのが十万から十二万人というのは、前に挙げた数字と違いすぎる。ＣＩＡの推測の数字も信頼できかねるが、中国公安部の数字はさらに信用がおけない。それにしても、厦門、福州につづいて、福建の第三の都市は、ほんとうにニューヨークのマンハッタンなのであろうか。

福建の沿岸を南から北へ、厦門、泉州、恵安、蒲田、福清、長楽、連江とつづくと前に述べた。東京で中国語の新聞をだしている田雁《でんがん》はその著書のなかで、福建で流行《はや》っている歌を紹介した。

「イギリス人が怖がる連江人／日本人が怖がる福清人／アメリカ人が怖がる長楽人／全世界が怖がる福建人」(4)

小学校一年生から愛国主義を教え込まれて育った若者にとっては、なんとも嬉しい戯《ざ》れ歌《うた》なのであろう。

「日本人が怖がる福清人」と歌われているが、日本に来ている福建人はたしかに福清人が多い。じつは戦前に日本に来ていた福建人はあらかたが福清の出身者だった。長崎、函館に多かった。呉服、衣料品の行商をし、日本各地を回ったのである。

ついでに言えば、福清出身者はインドネシアに多い。福清市出身の華僑、華人十一万のうちの三分の二以上がインドネシアにいるのだといわれる。もっとも、福清の人がインドネシアに渡航したのは、第二次大戦前までのことだ。

もうひとつ、ついでにという話をしよう。第二次大戦勃発の少し前に、福清生まれの二十二歳の若者が兄を頼ってジャワ島に渡った。それから半世紀あと、かれは福清出身というよりは福建出身最大の金持ちとなり、かれの事業は「東南アジア最大の多国籍コングロマリット」と言われるようになった。インドネシアのスドノ・サリムとアンソニー・サリムの親子である。サリムはインドネシアの姓で、林《りん》が苗字、父親は林紹良《りんしょうりょう》だ。

林紹良はスハルトという軍人と知り合い、この軍人がのちにインドネシアの支配者となり、それからの三十年のあいだにスハルトの一族が百五十億ドルの巨額な財産を築けば、サリム一族は百二十億ドルの資産をつくった。スハルト政権が倒れ、サリムの宏壮な屋敷は焼き打ちにあい、かれの一族が持っていたいくつもの独占販売権、独占事業権を失い、巨大なコングロマリットの解体となった。二〇〇一年末には一族の財産は二十億ドルに縮小したのだという。

戯れ歌に戻れば、「イギリス人が怖がる連江人」と歌われているが、現在、英国の福清人も負けてはいない。二〇〇〇年六月、西ヨーロッパの人を驚かせたのは、英国の港町ドーバーに入港したフェリーから上がったトラックのコンテナのなかに窒息死した男五十四人、女四人、計五十八人、そして生存者二人がいたことだった。すべて福清人だった。

「アメリカ人が怖がる長楽人」と歌われているが、ニューヨークでも福清人は負けてはいない。これも古く一九九六年のことになるが、いちばん大きなギャング組織を持ち、もっとも向こう見ずで、もっとも残忍な犯罪をおこなうのは、福清人《フーチンレン》のグループだとニューヨークの検察官が語っていた。(5)

どこでも福清人は嫌われ者だ。日本の警察も福清人と知れば、顔をしかめる。東京には日本語学校が百五十近くもあるが、書類に福清人とあれば、入校させないところもある。だが、福清人を弁護する人は、福建人のなかでいちばんの働き者は福清人なのだと語る。

だが、このさき日本は福清人を必要とすることになるやもしれない。たとえば大都市が大地震に見舞われることがあれば、被害を受けた下水道を再建するだけでも、大量の労働者が必要となる。それこそ、福建か、東北三省から労務協力契約によって、労働者を招かねばならなくなる。

大都市を襲う地震のあるなしや、好き嫌いはべつとして、やがては福清人、連江人、長楽人がもう少し日本に増えることになるにちがいない。良いことも、悪いことも含め、福建省は日本ともっとも密接な中国の省のひとつでありつづける。

【出典・注】

1 『週刊 Shipping Gazette』ジャパンプレス社　二〇〇三年十二月
2 日本貿易振興会『農林水産物の貿易　アグロトレード・ハンドブック二〇〇二』二〇〇二年 五六七頁
3 Edward Barnes, "Slave of New York", Time, November 9, 1998, p. 46
4 田雁　鈴木健一訳『蛇頭の生まれし都』二見書房　二〇〇二年　八頁
5 Jeff Wise, "The Dragons Teeth", Far Eastern Economic Review, June 13, 1996, p. 52

あとがき

この「あとがき」を最初に読む人がいるかもしれない。本文になにを書いたのかをここで語ってしまおう。

私は、だれも書こうとしなかったこと、言おうとしなかったことをこの本に書いた。

一九九〇年代に中国の共産党総書記だった江沢民がやったことを書いた。およそ世の常識では考えられない規模の、日本にたいする憎悪を子供から大人までに教え込む大キャンペーンをかれは実施した。

その時期に中国駐在大使だった人たち、新聞社の中国常駐記者だった人びと、そして中国研究者、そのだれもがかれのやったことを見て見ぬふりをした。そしてそのキャンペーンの成果たるや、これまた、だれひとり口にしたがらないのだが、あるアメリカ人が述べたとおり、「日本に対する中国の敵意は深刻で、ぬぐい去るのに何十年もかかるだろう」というほどのものとなってしまい、日本にたいする憎悪は中国人の、とりわけ青少年の潜在意識のなかにしっかり組み込まれてしまった。

毛沢東は「何十年」さきまで残せるようなことはついになにもできなかった。毛沢東思想は中国人の理念、規範となることなく、かれの死後、たちまちのうちに忘れ去られてしまい、「人民に奉仕する」は死語となり、「尖鋭なる階級闘争」は恐ろしい記憶としてのみ残り、「一に大、二に公」の人民公社はその形骸もなく、「社会主義文化大革命」はいつか禁句となってしまっている。

ところが、平々凡々な人物、個人としてみれば、この十数年のあいだの日本の首相たちとなんら変わりのない資質の持ち主が、「ぬぐい去るのに何十年もかかる」ことを平然とやってしまったのである。中国駐在大使だった人たち、新聞社の中国常駐記者だった人びと、そして中国研究者、かれらは公然とは語らなかったが、人間の憎しみの感情を駆り立てようとして、もっとも次元の低い訴えを国家規模でやらせるといった恐ろしいことを、よくも命じたものだと嘆息をつづけたことは間違いないところである。

ところで、毛沢東思想は完全に消えてしまったと言ったばかりだが、江沢民がやってしまったことは、毛沢東が編みだした戦術のひとつを実践したものなのである。全体の五パーセントの敵をつくる、一握りの目に見える敵、指弾できる「地主、富農、右派分子、悪質分子」を残しておくことによって、全体の九五パーセントを団結させるというのが、毛沢東がおこなった大衆運動の神髄であった。そして江沢民がやったことは、地主、富農といった、使い物にならなくなった「目に見える敵」の代わりに、「近くにいる敵」としての日本をつくりあげることだったのである。

中国駐在大使だった人から専門家たちまでが言いたがらなかったことは、もうひとつある。なぜ、江沢民は日本憎悪のこの大キャンペーンをやったのかということである。

本文に書いたことをここで繰り返そう。

「国民が抱いているさまざまな不満や怒りを日本人にたいする恨みと反感に転化させ、党が日本の侵略から中国を救い、党はいまなお〝中国への再侵略を意図している日本〟への警戒をおさおさ怠っていないのだと説き、これによって党と国民とのあいだの亀裂を塞ぎ、江沢民はしっかり権力の頂点に立つことができ、共産党支配の中国を資本主義の道に進ませることができたのだ」

中国に駐在したことのある新聞記者、中国の専門家が語っていないことがもうひとつある。もしかしたら、このことはだれも気づいていないことなのかもしれない。江沢民がやった日本憎悪の運動の原型は、国防部長だった林彪が一九六一年に軍隊内でおこなった「両憶三査」の政治思想工作だったということだ。

一九六一年の中国がどのような状態であったか、「両憶三査」がどのような運動であったのかは、本文、第三章で詳しく述べた。二千万人から四千万人の人びとが餓死し、飢餓からの疾病で亡くなり、なおも飢えがつづいていた最中だった。兵営内の兵士たちはあらかたが農村の出身者だった。かれらがどのような気持ちでいたのかは、ここで語る必要はあるまい。軍の総政治部は、それこそ見事な精神療法と呼んでいいような政治思想工作をおこなった。兵士たちに向かって、わが党こそが国民を「階級苦」と「民族苦」から救いだしたのだ、だれをも幸福にしたのだと教え込み、崩れ落ちようとする党の威信を引き上げ、党による支配は当然のことなのだと教え込んだのである。

それから三十数年あと、東ヨーロッパとロシアの共産党政権が崩壊してしまい、中国共産党が過去半世紀にわたって、国民にたたき込んだ資本主義反対、修正主義反対の教義のすべてを放棄してしまったとき、いったい、中共党が多大な犠牲と悲劇を国民に強要した革命とはなんだったのかとだれもが抱く疑問を抑えるために、江沢民がやったことは、あの残虐きわまる日本の侵略がもたらした「民族苦」からすべての国民を救ったのがわが党なのだと、子供から大人までに教え込むことだったのである。

さて、中国に駐在したことのある新聞記者、中国の専門家、中国に駐在したことのある大使たち、もちろんのこと、歴代の政府の高官たち、すべてを承知していたこれらの人びとが口をつぐんでいたのはなぜであったのかも本文で記した。

党の独裁をつづけていくためだけに、過去を謝罪し、友好を願う隣国日本をこのようなやり方で利用しつづけるのかと思えば、吐き気がするほどの不快さが先にたったはずである。だが、かれらは黙っていた。

かれらのあいだに、「繁栄する隣国こそが、最善の隣国」であるという暗黙の了解、互いにうなずきあうだけの「談合」といってよいものがあったのだと私はいま考えている。中国を国際秩序に組み入れ、国際的平和と繁栄から利益を得るような国にすることが日本の利益にもなるという長期的思考があって、その日本憎悪の運動に沈黙をつづけたのだろうと私は思っている。

さて、いま、「われわれはどうしたらよいのか」は、最終章、第十章で書いた。

そう、胡耀邦のことも忘れずに書いた。この不快きわまりない主題に向き合った私を慰めてくれた人物である。この本の読者にとっても、必ずや慰めになり、日中関係の未来に希望が持てると思うにちがいない。そして、近くにいる敵をつくって、党の統治のために利用するのはおしまいにしようと考える胡耀邦のような政治家は、現在すでに登場しているのだと私は思っている。四川省の恐怖の収租院が過去の歴史を伝える文物館に変えられたように、南京や北京の記念館、記念の公園もやがてはその形を変えることになると私は信じている。

与えられた紙幅がもう少しあるので、私のべつの本、『昭和二十年』の紹介をしたい。私は十数年、『昭和二十年』を書いてきている。第十一巻までだして、昭和二十年六月十三日までにしかなっていない。刊行に時間がかかりすぎ、読者に迷惑をかけてきた。

それらの本はこの『「反日」で生きのびる中国』とはなんのつながりもないことから、ここで紹介するのは気がひける。

だが、気がひけるという本当の理由は、つながりのあるなしといったことではなく、『昭和二十年』を紹介したいと言って、またまた、だれも書こうとしなかったこと、言おうとしなかったことを私は書いているのだと語ることとなってしまうことにたいしてなのである。

『昭和二十年』で私はつぎのようなことを取り上げた。昭和十六年の夏に日本は中国からの撤兵ができなかったのはなぜだったのかを書いた。昭和二十年七月はじめに日本は降伏をしても不思議はなかった。なぜそれができなかったのかについては、このさきの巻で詳細に述べるつもりだが、すでにこれまでの巻の巻末の注で取り上げた。

これまでに書いたことをいくつか挙げよう。

横浜事件はどうして起きたのかを書いた。ベルリン特派員だった守山義雄が『朝日新聞』に載せた報告、あるいはまた、東大法学部教授の南原繁と高木八尺が内大臣木戸幸一に説いたこと、これらがもたらした大きな影響について記した。その木戸を海軍大臣の米内光政と宮内大臣を辞任したばかりの松平恒雄が辞めさせようとしたことも明らかにした。昭和二十年前半の歴史に皇太后の果たした役割がまことに大きかったことを記したのも、はじめてだろう。

昭和十九年四月半ばに河南省で開始され、その年いっぱいつづき、貴州省で終わった一号作戦のことも記した。その戦いは、駐日大使だったジョゼフ・グルーをしてアメリカ国務省の高官としたのだし、日本の政府から軍、宮廷までが密かにかれに期待をかけることにもなった。その戦いは、アメリカ政府が蔣介石の国民政府を見放す端緒をつくることになり、中共党が勝利を獲得する跳躍台ともなり、一号作戦は東アジアの歴史を大きく変えることになるだろうと書いたし、なおもつづけて書く。

これまた決して楽しくない仕事なのだが、それでも『昭和二十年』の仕事に戻れることがいまは嬉しい。

なお、本文中では敬称をすべて略させていただいた。

この本をつくるにあたっては、草思社の増田敦子氏のお世話になったことを感謝します。

二〇〇四年一月

鳥居　民

「反日」で生きのびる中国

2004年2月27日　第1刷発行

著　者　鳥居　民
装丁者　藤村　誠
発行者　木谷東男
発行所　株式会社　草 思 社
〒151-0051　東京都渋谷区千駄ヶ谷2-33-8
電 話　営業 03(3470)6565　編集 03(3470)6566
振 替　00170-9-23552
印　刷　株式会社三陽社
カバー　株式会社大竹美術
製　本　大口製本印刷株式会社
ISBN4-7942-1288-7
Printed in Japan